DUMONT

Vielleicht hätten wir gar nicht sesshaft werden dürfen. Fünf große Geißeln plagen seitdem die Menschheit: Pest, Cholera, Typhus, Gelbfieber – und Makler. Die ersten vier haben wir halbwegs in den Griff bekommen. Nur mit der letzten wird es immer schlimmer.

Wie kam es zur Finanzkrise? Woran ging Karstadt pleite? Warum musste Christian Wulff zurücktreten? Wohneigentum bringt Unglück: Schimmelsanierung und Schwammbefall, Makler-Stalking und Immobilienbetrüger – der Albtraum hat viele Namen.

Sören Sieg (geb. 1966 in Elmshorn) wohnte in Mietwohnungen, Einzelhäusern, Studentenwohnheimen, WGs und Eigentumswohnungen. Er schrieb mit Jan Melzer das satirische Denglisch-Lexikon *Come in and burn out* und mit Axel Krohn den Spiegel-Bestseller *Ich bin eine Dame, Sie Arschloch! Deutsche Dialoge mitgehört.* 2012 erschien sein Roman *Superdaddy.* Er lebt und wohnt als Schriftsteller und Komponist in Hamburg (www.soerensieg.de).

Sören Sieg

GERINGFÜGIG RENOVIERUNGSBEDÜRFTIG

Vom Wahnsinn beim Wohnungskauf

DUMONT

Originalausgabe
Oktober 2013
DuMont Buchverlag, Köln
Alle Rechte vorbehalten
© 2013 DuMont Buchverlag, Köln
Lektorat: Viola Krauß
Umschlag: Lübbeke Naumann Thoben, Köln
Umschlagabbildung: © gettyimages/moodboard
Gesetzt aus der DTL Documenta und der Trade Gothic
Satz: Fagott, Ffm
Gedruckt auf säurefreiem und chlorfrei gebleichtem Papier
Druck und Verarbeitung: CPI – Clausen & Bosse, Leck
Printed in Germany
ISBN 978-3-8321-6249-8

www.dumont-buchverlag.de

Für Angela

INHALT

VORWORT

Alle Menschen sind Makler.
Fast überall

Die Schildkröte ist am schlauesten:
Sie trägt ihr Haus stets bei sich.

(Mali)

Vielleicht hätten wir gar nicht erst sesshaft werden dürfen. Denn fünf große Geißeln plagen die Menschheit seitdem: Pest, Cholera, Typhus, Gelbfieber – und Makler. Die ersten vier haben wir halbwegs in den Griff bekommen. Nur mit der letzten wird es immer schlimmer.

»Wer einen Makler trifft, braucht ein schnelles Pferd«, heißt es in Saudi-Arabien. Und wirklich: Alle großen Katastrophen lassen sich auf den Verkauf von Immobilien zurückführen. Die Weltfinanzkrise. Die Karstadtpleite. Und der Rücktritt von Christian Wulff. Obwohl – Letzteres war eher ein Segen. Nun sitzt er allein in der Klinkerhölle in Großburgwedel, die er sich nicht leisten konnte. Ein Opfer seines Traums vom Immobilienglück. Kommt Ihnen das bekannt vor?

Wohneigentum bringt Unglück. Ich habe es selbst erlebt: Schimmelsanierung und Schwammbefall. Makler-Stalking und Baubetrüger. Gekaufte Notare und korrupte Hausverwalter. Ich bin von meinem eigenen Anwalt verklagt worden – der mir eigentlich gegen den Immobilienbetrüger helfen sollte, auf den ich reingefallen war. Woran erkennt man so einen Betrüger?

Er bezeichnet sich selbst als hanseatischen Kaufmann. Aber das wusste ich damals noch nicht.

Kaufen statt mieten – eine kollektive Wahnvorstellung. Viele führt sie in die Armut. Andere in den Reichtum. Allen voran: den Immobilienmakler. Über 100 000 Gestalten dieser Art durchstreifen unser Land. Ohne Ausbildung. Ohne Befähigungsnachweis. Und ohne Rechtsgrundlage. Dafür mit einer eigenen Sprache, die man erst nach mehrjährigem Studium entschlüsseln kann. Oder etwas schneller: mit Hilfe dieses Buchs.

Dieses großzügig geschnittene Sieben-Kapitel-Werk, Baujahr 2013, erklärt Ihnen im ersten Stock die wichtigsten Grundbegriffe des Immobilienwahnsinns von der Abschreibung bis zur Zwangsversteigerung. Im zweiten Stock staunen Sie über eine Welt der Superlative: die gerissensten Makler, die kriminellsten Hausverwalter, die größten Hausbesitzer-Plagen, die lustigsten Anzeigen-Stilblüten und die teuersten Immobilien der Welt. Legen Sie schon mal eine Milliarde beiseite.

Im dritten Stock entdecken Sie das Absurdistan des Maklerrechts: gruseliger als Edgar Allan Poe und lustiger als das FDP-Parteiprogramm.

Dann teilt sich das Buch. Folgen Sie genau meinen Anweisungen: Wenn Sie eine Immobilie *kaufen* wollen, gehen Sie in den vierten Stock und lernen Sie, Anzeigen zu enträtseln, Exposés zu entschlüsseln, Fakes zu erkennen und Ihren Makler in den Wahnsinn zu treiben. Wenn Sie dagegen Wohnungen *vermakeln* wollen, gehen Sie direkt in den fünften Stock. Dort zeige ich Ihnen, wie Sie an Ihre Objekte gelangen, wie Sie diese sprachlich aufpeppen und durch welche Psychotricks Sie aus einem zögerlichen Interessenten einen willigen Käufer machen, der Ihnen noch am selben Abend die Courtage überweist. Auf keinen Fall dürfen Sie sich ins falsche Stockwerk verirren! Darauf muss ich mich verlassen können. Sonst funktionieren alle diese Tricks nicht mehr.

Im sechsten Stock testen Sie, wie viel Immobiliendeutsch Sie bei der Hausbesichtigung gelernt haben. Und ob Sie mittlerweile in der Lage sind, einem leibhaftigen Makler gegenüberzutreten, ohne nach fünf Minuten einen »qualifizierten Alleinauftrag« zu unterschreiben – und damit auf alle Rechte zu verzichten, die das BGB Ihnen noch gelassen hat.

Versäumen Sie auf keinen Fall den Glanzpunkt dieses palladianischen Domizils: das Penthouse im siebten Stock mit unverbaubarem Panoramablick über den Wohnungsirrsinn. Von dort aus erkennen Sie endlich, warum Sie am besten gar keine Wohnung kaufen sollten. Und wie wir in Zukunft wohnen werden.

Eins verspreche ich Ihnen: Spaßig wird es nicht. Wir steigen gemeinsam in die siebte und unterste Hölle hinab, bis in die baufällige Souterrainwohnung ohne Dusche, mit original Asbestzementplatten, Preis auf Anfrage. Wie heißt es in Italien?

»Das Meer ist die Quelle des Salzes, und Makler sind die Quelle des Übels.«

I.

Von der Abschreibung bis zur Zwangsversteigerung: Immobilie – Deutsch. Das Wörterbuch

Ein Makler ist wie eine Yuccapalme:
unter der Erde am hilfreichsten.

(Kuba)

ABSCHREIBUNG: Wenn der Makler schon in der Anzeige mit den Worten wirbt: »Abschreibung nach §7i EStG möglich«, dann lesen Sie bitte nicht weiter. Googeln Sie erst mal, wie viele Menschen ihr Geld in Filmfonds, Schiffsfonds und → Schrottimmobilien verloren haben, um → Steuern zu sparen.

ABSTAND: Straflose Nötigung. Der Vormieter oder Voreigentümer zwingt einen, für die eingedellte Gefrier-Kühl-Kombi in Quietschgelb und die hässlichen Einbauschränke in Buche-Dekor daneben 3000 Euro zu zahlen, obwohl man dieses Zeug umgehend rausreißen und auf dem Recyclinghof entsorgen wird. Wenn man Nein sagt, kriegt jemand anders die Wohnung. Mit Abstand das Unverschämteste, was einem auf dem Wohnungsmarkt begegnet – mit Ausnahme der Maklerprovision.

ALTBAU:
a) Vor 1910 gebautes Haus ohne Lärmschutz und Wärmedämmung, dafür mit feuchtem Keller. Siehe → gebrauchtes Haus.
b) Das, was man in Kiel, Pforzheim und Hamm schmerzlich

vermisst: hohe Decken, Pitchpine-Parkett, Stuck, kassettierte Türen. Was zu der Frage führt, warum seit hundert Jahren so hässlich gebaut wird (Märkisches Viertel, Mümmelmannsberg, Hannover).

c) Auf dem Wohnungsmarkt: Grund, den Quadratmeterpreis zu verdoppeln.

ALTERSVORSORGE: Beliebtes Verkaufsargument von Maklern. Es ist Zeit für die Wahrheit: Steine kann man nicht essen. Und wenn Sie auf eine → Wertsteigerung hoffen, machen Sie sich klar: Das ist kein Investment. Sondern eine Wette. Genauso gut können Sie in der Spielbank alles auf Rot setzen. Einzige Ausnahme: ein → Reetdachhaus. Fackeln Sie es unauffällig ab. Und kassieren Sie die 500 000 Euro Versicherungssumme. Davon lebt die Hälfte aller Dithmarscher und Nordfriesen. Die anderen leben von den Windkraftsubventionen der Bundesregierung. Zugegeben: Manche kassieren auch beides.

ALTLASTEN: Viel Spaß damit! Wenn Sie Ihrem Verkäufer nicht nachweisen können, dass er davon gewusst hat, sind Sie als stolzer neuer Eigentümer ganz allein dafür verantwortlich, die Funde von Asbest, Lösungsmitteln, Blei, Teer, Dioxin, Bomben und Munition auf Ihrem Grundstück zu entsorgen.

ANGST: Die Hälfte der Deutschen hat Angst vor Einbrechern. Dennoch wollen laut einer Studie der Allianz drei von vier Deutschen am liebsten in einem allein stehenden Haus wohnen. Manchmal kommt man ins Grübeln. Kennen Sie den Film *Funny Games* von Michael Haneke? Also – er findet nicht in einer Reihenhaussiedlung statt.

ANSPRUCHSDEFLATION: Was ist der Griechen-und-Iren-Euro noch wert? Kaum etwas. Folge: Alle wollen Häuser und Wohnungen kaufen – und niemand will verkaufen. Nachfrage ohne Angebot. Folge: Die Ansprüche der Käufer sinken. Immer mehr sind bereit, ein Eigenheim ohne Badewanne und Wärmedämmung, dafür mit niedrigen Decken und bröckliger Fassade zu kaufen. Etwas Statistik gefällig? 2010 wollten noch 31 Prozent der Käufer auf keinen Fall eine Wohnung mit dünnen Wänden und Nordfenstern; 2012 waren es laut einer Umfrage von ImmoScout24 nur noch 15 Prozent. Unter diesen Voraussetzungen ist die Grundidee des Kaufs endgültig sinnlos. Es kann lukrativ sein, eine Immobilie zu kaufen – wenn sie sehr attraktiv und gut gelegen ist. Nachhaltig sinnfrei ist es hingegen, sein Geld in einer dunklen Nordwohnung mit niedrigen Decken in einem Problemstadtteil zu versenken. Eine Badewanne kann man zur Not noch einbauen. Deckenhöhe und Himmelsrichtung wird man jedoch auch mit viel Investitionsbereitschaft nur geringfügig ändern können. Siehe auch → kaufen statt mieten.

ANWALT: Hilft auch nicht. Verdoppelt außerdem den finanziellen Schaden. Und wer hilft dann gegen den Anwalt? Werfen Sie schlechtem Geld kein gutes Geld hinterher. Siehe auch → Offener Immobilienfonds.

ARCHITEKT: Mensch, der nicht zuhören kann. Lesen und zeichnen kann er auch nicht. Er tut aber so, als würde er gerade zuhören oder zeichnen oder Ihre Aufzeichnungen lesen, während er darüber nachgrübelt, nach welchem Paragraphen der HOAI (Honorarordnung für Architekten und Ingenieure) sich für dieses Gespräch noch mal tausend Euro zusätzlich kassieren lassen.

ARCHITEKTUR: Eigentlich: Baukunst. Gebaut wird tatsächlich. Aber wo ist die Kunst? Siehe auch → Altbau.

ARGLISTIGES VERSCHWEIGEN: Ja, es gibt sie noch, die Gerechtigkeit. Zumindest in Hechingen. Dem Käufer einer Eigentumswohnung hatte der Makler erklärt, es gebe »zwischen einzelnen Bewohnern persönliche Streitereien«. In Wirklichkeit hatte ein cholerisch-aggressiver Eigentümer seine Miteigentümer bereits verprügelt und war wegen Körperverletzung rechtskräftig verurteilt. Das erfuhr der Käufer nach dem Kauf – und wollte dort lieber nicht einziehen. Das Landgericht Hechingen gab ihm recht. Der Makler hatte Bescheid gewusst – und »arglistig verschwiegen«. Der Kaufvertrag war nichtig. Liebe Gerichte, gilt das aber nicht auch für die günstigen KfW-Kredite und Zuschüsse, die die Finanzberater den jungen Bauherren arglistig verschweigen? Siehe auch → Banken.

ARGUMENT:
a) Idee griechischer Philosophen: Dinge nicht einfach behaupten (→ kaufen statt mieten), sondern sie logisch nachvollziehbar begründen und beweisen.
b) Etwas, wofür Bausparer und Immobilienkäufer grundsätzlich unzugänglich sind. Zur Strafe haben sie es dann für den Rest ihres Lebens mit → Architekten, → Bauträgern, → Banken, → Bauamtsmitarbeitern, → Miteigentümern, → Nachbarn und → Hausverwaltern zu tun, die erst recht gegen Argumente resistent sind.

ATELIERWOHNUNG: Auch: Loft. Paradiesisch große, lichtdurchflutete Räume mit sehr hohen Decken und Fenstern. Was der Makler nicht erwähnt: Solche Räume sind im Winter kaum beheizbar. Und werden im Sommer knallheiß (Südfenster!). Falls man draußen eine Markise anbringen will, braucht man die Genehmigung der Eigentümergemeinschaft. Welche sie verweigern wird, denn Stürme schleudern Markisen, Sonnenschirme und Balkonkästen gerne mal in den Gemeinschaftsgarten. Und wie bitte schön soll man diese Riesenfenster ohne Kran oder Industriekletterer sauber kriegen?

AUFTRAGGEBER: Ist doch ideal, denkt sich der Verkäufer. Ich beauftrage einen Makler, der wickelt alles für mich ab – und bezahlen muss ihn der Käufer. Faktisch gibt es aber einen maximalen Preis, den jemand zu zahlen bereit ist. Inklusive Nebenkosten. Völlig egal, wer den Makler bezahlt. Wenn Sie selbst verkaufen, können Sie einen viel höheren Verkaufspreis erzielen.

AUSSENHAUT-ALARMSYSTEM: »Ein neu installiertes Außenhaut-Alarmsystem sorgt für komfortable Sicherheit.« In der Stadtvilla, die 2,3 Millionen kostet. Lustig, dass jemand Angst vor Einbrechern hat, der sich von seinem Makler gerade 143 750 Euro hat abknöpfen lassen.

BANKEN: Verkaufen gerne Hypotheken. Und dass die Kreditanstalt für Wiederaufbau (KfW) irre günstige Darlehen und Zuschüsse anbietet – muss man das den Kunden denn unbedingt verraten? Tatsache ist: 59 Prozent der Immobilienkäufer in Deutschland finanzieren ohne die KfW oder regionale Förderprogramme.

Jeder Fünfte gab in einer Umfrage von ImmoScout24 an, davon einfach noch nichts gewusst zu haben. Der Bankberater hätte es mit Sicherheit gewusst. Wie heißt es in Saudi-Arabien? »Gut ist es, die Wahrheit zu kennen. Besser ist es, über Palmen zu sprechen.« Möchten Sie noch einen Keks?

BARRIEREFREIE WOHNUNGEN:
a) Hauptverkaufsargument von Neubauwohnungen.
b) Vorsicht! Wenn Sie nicht aufpassen, wohnen Sie bald ohne jede Verkehrsanbindung in einem Seniorendorf in Mecklenburg-Vorpommern.
c) Ich muss aber doch mal nachfragen: Welche Architekten bauen »Barrieren« in Etagenwohnungen ein? Muss man über kleine Hügel klettern, um ins Bad zu kommen? Und erreicht die Küche nur kriechend durch einen Tunnel?

BAUAMTSMITARBEITER: Sie sind verbeamtet. Sie kennen keine Existenzsorgen. Sie können ihren Stundenlohn nur erhöhen, indem sie möglichst viele Pausen machen. Und über ihrem Schreibtisch hängt der Spruch: »Ich bin hier auf der Arbeit. Und nicht auf der Flucht.« Das Schöne: Sie können ihre schlechte Laune und ihre Minderwertigkeitskomplexe an den armen Bauherren auslassen, die von ihnen und ihren Genehmigungen abhängig sind. Das deutsche → Baurecht erlaubt ihnen nämlich, alle Anträge mit Verweis auf das → Stadtbild abzulehnen. Dagegen war Ludwig XIV. ein basisdemokratischer Anarchist.

BAUBEHÖRDE: Staatliche Einrichtung, die den Wohnraum knapp und damit die Preise hoch hält, indem sie für jeden Balkon, jeden Zaun, jede Dachterrasse und jede → Gaube eine Genehmigung verlangt. Und sie nach umfassender Meditation, unterwürfigstem Betteln und sehr, sehr langer Zeit erteilt. Oder auch nicht. Wie sagen die Engländer »Auf hoher See und im Bauamt sind wir in Gottes Hand.«

BAUHERR: Kein Handwerker hält sich an die Vorgaben. Der Architekt hat nach einer Minute vergessen, worum man ihn zum zehnten Mal gebeten hatte. Und nachher gibt es eine Telefondose in jedem Zimmer, aber keine Leitung, die sie mit irgendwas verbindet.

BAUKOSTEN: Die Elbphilharmonie sollte ursprünglich 77 Millionen Euro kosten. Dann 114 Millionen. 2008 hieß es: 323 Millionen. 2011: 500 Millionen Euro. Der letzte »Festpreis« betrug 789 Millionen Euro, also mehr als zehn Mal so viel wie zu Beginn. Aber das sind nur Peanuts verglichen mit dem neuen Stahlwerk von ThyssenKrupp in Brasilien: Statt 1,3 Milliarden kostete es am Ende acht Milliarden Euro. ThyssenKrupp ging fast pleite. Und musste unter anderem Blohm + Voss verkaufen. Also legen Sie eine Schweigeminute ein. Und regen Sie sich nicht über die paar Hundert Fehler Ihres → Architekten auf, die Sie vielleicht ein paar Zehntausend Euro gekostet haben. Das holt die → Wertsteigerung alles wieder rein!

BAULICHE VERÄNDERUNG: Alles, was die missgünstigen → Miteigentümer genehmigen müssen. Kleine Aufzählung gefällig? Abgrabung, Abluftanlage, Abstellplatz, Antenne, Aufzug, Außenjalousien, Außenkamin, Außenleuchte, Außenrolladen, Außenspiegel, Außentreppe. Und das war jetzt erst der Buchstabe A. Siehe auch Alexander Blankenstein: *Lexikon Wohnungseigentum*, Seite 128–163 (!).

BAURECHT: Waren Sie schon mal in New York? Da existierten bis 1916 gar keine Bauvorschriften. Und seitdem nur eine einzige: Dass die Wolkenkratzer nach oben hin dünner werden müssen, um nicht zu viel Schatten zu werfen. Jetzt vergleichen Sie das Stadtbild Manhattans mal mit Ludwigshafen oder Völklingen. Gebaut nach den 247 Paragraphen des deutschen Baugesetzbuchs. Siehe auch → Bauamtsmitarbeiter.

BAURUINE: Die kunstvollen Burgruinen am deutschen Mittelrhein haben es inzwischen zum UNESCO-Weltkulturerbe gebracht. Weniger romantisch ist es hingegen, wenn Sie Maklercourtage, Grunderwerbssteuer und Notar bezahlt haben, ferner 50 Prozent Anzahlung für den Bauträger, und dieser dann mitten im Bau Insolvenz anmelden muss. Um fertigzubauen, verlangen andere Baufirmen daraufhin das Doppelte des ursprünglichen Kaufpreises. Siehe auch → Altersvorsorge, → Wertsteigerung, → Inflationspanik und → Insolvenzverwalter.

BAUSPARFALLE: Da tappen sie alle rein. Allein 2012 unterzeichneten 3,5 Millionen Deutsche Bausparverträge über eine Gesamtsumme von 102,6 Milliarden Euro. Insgesamt gibt es in Deutschland 30 Millionen Bausparer. Leider lohnt sich das Ganze nur für den Berater, der Ihnen die Verträge verkauft. Fragen Sie Ihre Verbraucherzentrale. Die Produkte sind undurchsichtig, die → Gebühren viel zu hoch. Wenn Sie unbedingt kaufen wollen, schließen Sie einfach einen möglichst langfristigen → Hypothekenkredit ab. Und um Gottes willen keine → Kapitallebensversicherung. Bertolt Brecht hatte mal wieder recht: »Unsichtbar macht sich die Dummheit, indem sie ungeheure Ausmaße annimmt.«

BAUTRÄGER: Jemand, der seine Gewinne durch → arglistiges Verschweigen erwirtschaftet. Prahlt oft damit, dass man bei ihm die Maklercourtage spart. Das ist allerdings keine Gefälligkeit, sondern Gesetz: Einem Makler darf die Wohnung, die er vermakelt, nicht gehören. Seinem Bruder allerdings schon. Und auch seinem besten Freund. Siehe → Hausverwaltung.

BEOBACHTUNG: 41 Prozent der Deutschen fühlen sich nach einer Studie von ImmoScout24 von ihren Nachbarn beobachtet. Im Garten, auf der Terrasse, im Wohnzimmer. Besonders Frauen fühlen sich beobachtet und bringen deswegen Jalousien und Gardinen an, pflanzen Hecken, vermeiden Licht im Dunkeln. 28 Prozent der Befragten gaben allerdings zu, die Nachbarn selbst zu beobachten: durch Türspion, Fernglas und Fotoapparat. Überraschung: Auch hier überwiegen die Frauen! Wie muss man sich das genau vorstellen? »Der Typ von gegenüber beobachtet mich andauernd ... Sauerei! Ich muss doch mal eben gucken, wen er heute zum Abendessen da hat ... Moment ... wo ist denn nur das Fernglas?«

BEREITS 80 PROZENT VERKAUFT: Auffälliger, ganz spontan übergeklebter Spruch auf Makleranzeigen und Schildern. Variation von: »Fresst Heu! 100 Millionen Meerschweinchen können nicht irren.«

BESTANDSLEICHE: Um solche Ladenhüter endgültig aus ihrem Archiv zu verbannen, erfanden Makler das → Bieterverfahren.

BETONGOLD: Die Preise für Immobilien sind in Portugal seit 2007 um 16 Prozent gefallen; in den Niederlanden um fast 20

Prozent; in Spanien um 37 Prozent; in Irland um 50 Prozent. Gemäß einer Statistik von Eurostat vom Juli 2013.

BEZUGSFERTIG: Die vordere Fassade ist von einem Baugerüst zugestellt. Das Erdgeschoss ist noch im Rohbauzustand. Das Objekt ist in eine Staubwolke gehüllt und missgelaunte, rauchende Handwerker bevölkern das Gebäude und verursachen ohrenbetäubenden Lärm. In Ihrer Wohnung fehlen Türen, Badarmaturen, Dielen und Tapeten. Doch das Klo ist bereits installiert.

BIETERVERFAHREN: Wohnungskauf als Psychospiel. Von Maklern erfundene Methode, Immobilien über dem Marktpreis zu verkaufen. Das Objekt wird über mehrere Wochen beworben – ohne Kaufpreisangabe. Dann gibt es einen Besichtigungstermin, zu dem alle Interessenten kommen müssen. Niemand weiß, wer Bieter und wer nur »Gucker« ist. Alle geben ein verdecktes Gebot ab. Mit dem Ehrgeiz, sich die Wohnung nicht von den anderen wegschnappen zu lassen. »Ist die Anzahl der Interessenten erheblich und mithin die Gefahr, überboten zu werden, besonders hoch, können, und dies ist nicht selten, die abgegebenen Gebote aus Angst, ins Hintertreffen zu geraten, deutlich über dem eigentlichen aktuellen Marktwert sowie über der eigentlichen ursprünglichen Preisvorstellung liegen.« (Stephan Probst: *Immobilienverkauf aktuell*, S. 155) Am Ende haben Sie die Wohnung. Aber Sie werden nie erfahren, dass Ihre vermeintlichen Konkurrenten nur Angestellte und Freunde des Maklers waren. Und dass der Verkäufer auch mit der Hälfte des Preises zufrieden gewesen wäre. Noch schlimmer: Im Gegensatz zur → Zwangsversteigerung sichert Ihnen das höchste Gebot nicht mal den Zuschlag. Reicht dem Verkäufer das höchste Gebot nicht, kann er sechs Wochen später dasselbe Spiel noch einmal spielen.

BLASE: In den 1980er-Jahren war das Stadtgebiet von Tokio so viel wert wie die gesamten USA. Dort wuchsen und platzten die Blasen bevorzugt in Florida: 2006. 1974. Aber auch schon 1925: »Der Ansturm war derart enorm, dass die Stadtverwaltung von Miami gezwungen war, den vielen Tausend Maklern Verkaufsgespräche oder das Zeigen von Landkarten auf der Straße zu verbieten, da sie den Verkehr behinderten.« (Stefan Frank: *Die Weltvernichtungsmaschine*, S. 20). Noch 2006 erschien in einer Neuauflage von 2005 das Buch *Why the Real Estate Boom Will Not Bust – And How You Can Profit From It* (»Warum der Immobilienboom weitergehen wird – und wie Sie davon profitieren können«) von David Lereah, Amerikas bekanntestem Makler. Ein Jahr später waren die Hauspreise in den USA um 50 Prozent eingebrochen.

BROT- UND BUTTERGESCHÄFT: Maklerausdruck für Immobilien unter einer Million, also unter 60 000 Euro Provision.

BUNDESGERICHTSHOF: Letzte Chance, die Provision von dem Makler wiederzubekommen, der einem die Wohnung mit Schwammbefall angedreht hat.

BUNGALOW: Kurzlebige Baumode der 1960er: eingeschossige Häuser mit schadhaftem Flachdach. Keine Treppen, keine Blickachsen – heute will niemand mehr in einem Bungalow wohnen, auch wenn der Makler ihn in Anzeige und Exposé

zum »exklusiven Luxus-Bungalow« aufpustet. Siehe auch →
Betongold, → Wertsteigerung, → kaufen statt mieten.

BUSSERVICE: 24-h-Notrufklingel in allen Räumen und eben-
erdige Barrierefreiheit reichen dem anspruchsvollen Silversur-
fer nicht mehr. Die Seniorenwohnungen Bellevue im Kurgebiet
Hitzacker warten mit folgendem Highlight auf: »2 x wöchent-
lich kostenloser Busservice zu den Einkaufsmöglichkeiten.« Da
hat jemand mitgedacht. Die Rentnerin besitzt kein Auto mehr
oder musste vielleicht den Führerschein zurückgeben. Nur –
was tun, wenn der Busfahrer gerade streikt, krank oder im Urlaub ist? Liebe Senioren, das Kurgebiet Hitzacker ist bestimmt
schön. Aber wollen Sie wirklich dort wohnen, wo sich Fuchs
und Hase gute Nacht sagen? Sicher, im Altenpflegeheim direkt
gegenüber kriegen Sie auf Wunsch auch Frühstück und Mit-
tagstisch serviert. Aber sonst? Nur Wald. Elbe. Und zweimal
in der Woche der Bus. Tun Sie's nicht!

CARPORT: Sie kennen das Dilemma. Erst gibt man 60 000 Euro für den neuen Jaguar aus. Dann verschwindet er in der Garage. Indra Metallwaren hat die perfekte Lösung: »Warum das
Auto in einer Garage verstecken? In einem Carport bleibt das
Vehikel bestens zu sehen!« Für nur 5950 Euro. Ein exklusives
Mülltonnenhaus können Sie gleich dazubestellen, echter Edel-
stahl, 1644 Euro. Aber wissen Sie was? Wenn Sie so viel Geld
überhaben – könnte es sein, dass Sie einfach zu viel arbeiten?

CHALET: Klingt wie »Schloss«, oder? Aber ein Schloss ist ein
Château. Ein Chalet ist nur eine Hütte. Was der Immobilienkäufer auf Mallorca regelmäßig zu spät merkt.

CITYNAH: »Der citynahe Stadtteil Hamm bietet eine gute Infrastruktur sowie viele Einkaufs- und Freizeitmöglichkeiten.« Zum Beispiel in den vielen umliegenden Solarien, Spielhöllen, türkischen Teehäusern und kroatischen Bordellen. Merke: »Citynah« bedeutet *außerhalb* der City.

COCOONING: Gegentrend zur Globalisierung: sich Einspinnen in seinen ganz privaten Lebensraum. Genauer gesagt: Das Geld, das man als Manager, Reeder oder Banker in globalen Betrugsgeschäften und Wetten verdient hat, in seine 11-Zimmer-Privatvilla mit Wandmalerei, Manufaktum-Möbeln, Rosengarten und Personalhaus investieren. Wo sind die Occupy-Leute, wenn man sie braucht?

CONCIERGE: Privatpförtner eines Wohnhauses. Früher üblich, dann für lange Zeit ausgestorben, erlebt er heute ein Comeback in Luxusimmobilien: zum Beispiel im Marco-Polo-Tower in der Hamburger Hafen-City. Gönnen wir es den Eigentümern. Die Schadstoffbelastung durch die Abgase der Kreuzfahrtschiffe ist dort so hoch, dass das weiße Ledersofa nach einem tagsüber unbedacht offen gelassenen Fenster abends anthrazit ist.

COURTAGE: Siehe auch: → Provision. Das Geld, das der Makler bekommt. Nur: wofür? Das kann einem niemand erklären. Im Grunde dafür, dass der Voreigentümer zu faul war, eine Anzeige bei Immonet zu schalten. Wie sagt man in Russland: »Eine courtagefreie Wohnung ist wie frischer Käse.«

DEICHBLICK: Meerblick ist klar. Weitblick auch. Ebenso unverbaubarer Bergpanoramablick. Aber Deichblick? Ist das der

Blick *vom* Deich oder *auf* den Deich? Ich komme aus Schleswig-Holstein. Es gibt definitiv Schöneres, als *auf* einen Deich zu blicken.

DISKRET: »Wir vertreten eine arabische Investorengruppe, die bundesweit (Städte ab 20 000 Einwohner) auf der Suche nach: Einzelhandelsimmobilien, Büro- und Geschäftshäuser ist. Investitionsvolumen ab € 2,5 Mio. Auch projektierte, MFH. Wir garantieren eine diskrete und schnelle Abwicklung. El Sayed International Real Estate GmbH.« Ein wiederkehrendes Inserat aus der *FAZ*. WAS HABEN DIE VOR???

DOPPELHAUSHÄLFTE: Da hat man schon ein eigenes Haus. Und trotzdem einen Nachbarn, der einem direkt auf der Pelle hockt. Also wirklich: Dümmer geht's nicht.

DUMMES GELD: So nennen es Makler, wenn Privatleute auf dem Höhepunkt eines Booms überhöhte Preise für Häuser und Wohnungen zahlen, während Investoren dieselbe Gelegenheit nutzen, um ihre Objekte mit riesigen Gewinnspannen zu verkaufen. Experten zufolge spielt sich in deutschen Großstädten im Moment genau das ab. Siehe auch → Blase.

EFFEKTIVZINS: Das Wort legt nahe, dass dieser Zins die realen, objektiven Kosten eines Kredits wiedergibt. Das ist jedoch nicht der Fall. Schätzgebühren, Bereitstellungszinsen, Teilauszahlungszuschläge und Kontoführungsgebühren sind nicht enthalten. Die → Banken verwenden sehr viel Intelligenz und Aufwand darauf, dass man ihre Angebote nicht vergleichen kann. Ähnlich wie bei Handyverträgen (Roaming-Partnerrabatt in zwei ausgewählten Fremdnetzen bei Mindest-SMS-Volumen in den drei Sommermonaten).

EHE: 50 Prozent der Großstadtehen werden geschieden. Die Übrigen bleiben verheiratet, weil sie zusammen ein → Townhouse gekauft haben.

EHEPROBLEME: Manchmal die einzige Möglichkeit, einen lästigen Mieter loszuwerden. Auch wenn das Ehepaar noch in einem Bett schläft und sich noch gar nicht getrennt hat – der bloße Wunsch, auszuziehen, reicht nach einem aktuellen Urteil des Landgerichts Heidelberg, um den Mieter rauszuschmeißen. Äh, Entschuldigung, → Eigenbedarf anzumelden.

EIGENBEDARF: Erst vermiete ich die Wohnung. Dann fällt mir ein, dass ich sie ja doch selbst brauche. Oder meine Frau, meine Tochter, meine Schwester, meine Mutter, meine Nichte ... oder »Angehörige meines Haushalts«: Putzfrau, Lebenspartner, Kindermädchen ... Bekanntester und häufigster Kündigungsgrund in Deutschland. Geschenkt ist geschenkt. Vermietet ist vermietet. Wiederholen ist gestohlen.

EIGENHEIM: Religionsgemeinschaft, die ihre Mitglieder in die Überschuldung führt. Ähnlich viele Anhänger wie die Glaubensrichtung »Fußball«. Diskutieren zwecklos. Überlassen Sie die Anhänger einfach ihrem Schicksal. Siehe auch → Zwangsversteigerung.

EIGENKAPITAL: → Banken schüchtern einen gerne damit ein, man müsse mindestens 20–30 Prozent der Gesamtkosten als

Eigenkapital vorrätig haben. Sonst wüssten sie nicht, ob sie den Kredit überhaupt vergeben könnten. Aber probieren Sie mal das Gegenteil. Klappern Sie zehn Banken ab mit der Angabe, Sie hätten 75 Prozent Eigenkapital. Sie werden keinen Kredit bekommen. Mit der offenherzigen Begründung: »Daran verdienen wir ja nichts!«

EIGENLEISTUNG: Verzweifelter Versuch, die explodierenden Kosten zu begrenzen, indem man selbst die Wände streicht, das Laminat verlegt und die Türen einbaut. Vorsicht! Alle bezahlten Handwerker werden sich darauf herausreden, *Sie* hätten ihnen mit den Eigenleistungen in ihre Arbeit hineingepfuscht, sonst wäre die Wand gerade geworden. Und Achtung: Wenn Sie die Baustelle betreten, bevor die anderen fertig sind, wird Ihnen das als vorzeitige Abnahme ausgelegt. Das wird richtig teuer.

EIGENTÜMERVERSAMMLUNG: Moderne Form der Folter. Jährlich wiederkehrend. Nölende Miteigentümer zwingen einen in vierstündigen Besprechungen dazu, eine absurd hohe Summe für die → Instandhaltungsrücklage zu zahlen, »falls mal was passiert«. Während der → Hausverwalter darauf beharrt, das Treppenhaus müsse unbedingt wieder gestrichen werden, und zwar von einem günstigen Anbieter (zufällig sein arbeitsloser Schwager). Wenn dann noch der Eigentümer der Parterrewohnung von Schwammbefall berichtet, hilft nur sofortiger Verkauf.

EINBAUKÜCHE: Ein weiterer Grund, warum Wohnungen heute alle gleich aussehen. Und deutlich überteuert sind. Schauen Sie sich spaßeshalber mal Küchen ohne diesen genormten Einbaukram an. Sieht viel wohnlicher aus. Und wenn Sie nicht drei Kinder haben, brauchen Sie auch keine Geschirrspülmaschine. Dann noch eine letzte Frage, ehe Sie die 12 000 Euro ausgeben: Kochen Sie überhaupt? Wenn nicht, können Sie von dem Geld ziemlich oft essen gehen.

EINGEWACHSEN: Nein, nicht Fußnägel, sondern der Garten. Meistens: »schön eingewachsen«. Bedeutet: Die Bäume kriegen Sie nicht mehr weg. Auch wenn 80 Prozent der Wohnräume dadurch im Schatten liegen.

EINZELHAUS: Immer noch begehrteste Wohnform in Deutschland. Vermutlich, weil dann die → Nachbarn möglichst weit weg sind. Wie kommt es dann nur, dass die schlimmsten Nachbarschaftsprozesse nicht zwischen Wohnungseigentümern geführt werden, sondern zwischen Hausbesitzern? Vermutlich, weil man so sehr gehofft hatte, im Einzelhaus endlich keinen Nachbarn mehr zu haben. Und umso entsetzter ist, wenn da plötzlich eine schlimme Visage am Gartenzaun auftaucht. Die sich über die herüberwehenden Unkrautsamen beschwert.

EMISSIONEN: Wir Normalsterbliche verstehen darunter die Giftstoffe, die BASF in die Luft pustet. Der Jurist versteht darunter alles, womit Ihr Grundstücks-Nachbar Sie ärgert: Hundegebell, Schweinegrunzen, Sexgeräusche, streunende Katzen, scheißende Tauben, Kinderlärm, herabfallendes Obst, herüberhängende Zweige, Froschgequake, Grillduft, Geigenspiel, Privatdisco, Rasenmähgeräusche, Komposthaufengestank, Fruchtfliegen, Bienen aus dem nachbarseigenen Bienenstock. Ehe Sie als Michael Kohlhaas enden und nach jahrelangem Prozessieren vorm Europäischen Menschengerichtshof recht bekommen: Verkaufen Sie einfach wieder. Und mieten Sie sich eine Eigentumswohnung in einer schönen Altbaugegend. Die Nachbarn dort sind zivilisiert, höflich und gut verträglich.

ENDREIHENHAUS: Auch: Reihenendhaus. Steigerung von → Reihenhaus. Das ist wirklich das Ende. Das Ende einer langen Reihe. Und einer großen Karriere. Weil man nicht mehr zwei, sondern nur noch einen nervigen, grillenden → Nachbarn hat. Warum man nicht einfach in ein Einzelhaus zieht? Dort wäre man nur einer von vielen Einzelhausnachbarn. Hier ist man der König der einfachen Reihenhausbesitzer.

ENGEL & VÖLKERS: Größter Immobilienmakler Deutschlands. Verdiente allein 2010 am Verkauf von Privatwohnungen 77 Millionen Euro. Bevor Sie in eine Filiale gehen: Der Firmenchef ist vorbestraft. 2008 verurteilte ihn das Landgericht Frankfurt wegen Beihilfe zur Untreue zu 390 000 Euro Geldstrafe und einen Vorstandskollegen zu einem Jahr Gefängnis auf Bewährung. Wie lautet noch der Werbeslogan von Engel & Völkers? »Schöner Wohnen. Besser Arbeiten. Freier leben.«

ERFOLGSFAHRPLAN: Warum sind die Sparkassen die erfolgreichsten deutschen Makler? Das Geheimnis heißt: »Erfolgsfahrplan«. Ein ausgeklügeltes Instrument der Mitarbeiterführung. Ich habe das gute Stück vor mir liegen. Vom Schwarzen Brett einer Sparkassen-Immo-Abteilung in Süddeutschland geborgt. Der vierfarbig gedruckte »Erfolgsfahrplan« gibt genau vor, was die Mitarbeiter in diesem Jahr reinholen sollen: 2,6 Millionen Euro Courtage, 1560 Anbahnungen, 520 Objektaufnahmen und 360 Beurkundungen. Egal, ob in der Region überhaupt ein einziges Haus verkauft wird. Die Zahlen werden auf die einzelne Woche runtergerechnet. Und dann wird knallhart belohnt und bestraft: »Zwei Wochen im Plan = Schoki. Drei Wochen im Plan = Sekt. Vier Wochen im Plan = Kaffee und Brötchen. Vier Wochen unter Plan: massiver Stress!!!« Der Chef tobt also zehn Minuten mit rotem Gesicht durch den Raum, und daraufhin steigt die Anzahl der Beurkundungen sprunghaft an? Ich dachte immer, die Planwirtschaft wäre gescheitert!

ERWERBSNEBENKOSTEN: Das, was Immobilienkäufer immer großzügig übersehen, um sich ihre Fehlinvestition schönzurechnen. Und was die → Top-Rendite des Zinshauses gegen null senkt: Maklercourtage, Grunderwerbssteuer, Notar. Bis zu zwölf Prozent des Kaufpreises.

EXKLUSIVITÄT: Ist wichtig. Man möchte schließlich nicht mit irgendeinem dahergelaufenen Gas-Wasser-Installateur oder Erdkundelehrer in einem Haus wohnen. »Dieses architektonisch sehr reizvolle Objekt besticht durch seine Lage und Exklusivität. Die Ausstattung wird höchsten Ansprüchen gerecht, verschiedene Designlinien stehen zur Auswahl. Ein großzügiger Wellnessbereich rundet dieses exklusive Angebot ab.« Zweimal »exklusiv« in drei Zeilen: Da zahlt man dann schon mal gerne 635 000 Euro für eine 2-Zimmer-Wohnung von 73 Quadratmetern.

EXPOSÉ: Der Form nach: auf losen Blättern zusammengeheftete Informationen über eine Immobilie, die der Makler einem andrehen will. Die inhaltliche Gestaltung orientiert sich an der

Arbeitsweise des *Spiegel*: Die Abfolge von Halbwahrheiten und suggestiven Behauptungen ruft einen grotesk falschen Gesamteindruck hervor.

FALSCHE ANGABEN: 18 Prozent der Wohnungsbewerber in Deutschland würden gegenüber dem Makler falsche Angaben bezüglich Kindern, Haustieren oder Beruf machen, um ihre Traumwohnung zu bekommen. 9 Prozent haben bereits solche falschen Angaben gemacht. Und 13 Prozent würden sogar Dokumente fälschen, um ihre Mitbewerber auszustechen. Mmh. Nicht so angenehm für den Makler. Angenehmer für ihn: 15 Prozent würden ihre sexuellen Reize ausnutzen, um die Wohnung zu ergattern. Und 14 Prozent wären bereit, eine »finanzielle Entscheidungshilfe« anzubieten. Das ergab eine Umfrage, die ImmoScout24 im Mai 2013 veröffentlichte. Leider erfahren wir nicht, wie viele Interessenten bereit wären, sexuelle *und* finanzielle Entscheidungshilfen zu geben. 23 Prozent versuchen etwas ganz anderes: Sie klagen dem Makler ihr Leid und hoffen auf sein Mitgefühl. Hallo, geht's noch?
»Am Fuße des Maklers ist es dunkel.« (Japan)

FAMILIENPARADIES: Haus mit weitläufigem Unkraut-Garten ohne Verkehrsanschluss.

FDP: Früher: Freie Demokratische Partei. Dann: Forgänger der Piraten. Jetzt: Fast Drei Prozent. Politisches Sprachrohr von → Maklern, → Architekten, → Notaren, → Bauträgern, → Hausverwaltern und → Banken – also allen, die an der Fehlentscheidung Ihres Lebens, dem Kauf eines → Eigenheims, sehr gut verdienen. Merke: Dein Geld ist nie weg. Es ist nur bei jemand anders.

FERIENWOHNUNG: Selbstverschuldeter Grund, warum man seinen Urlaub nicht nutzt, um zu reisen und die Welt kennenzulernen. Steigerung: Ferienhaus.

FESTPREIS: Gegensatz zum → Realpreis. Hat vor allem die psychologische Funktion, Sie, Ihre Bank und Ihre Partnerin davon zu überzeugen, dass Sie sich den überteuerten → Townhouse-Quatsch leisten können. Im Festpreis enthalten sind No-Name-Fenster, Billigtüren, Billigstlaminat und Plastikarmaturen im Domäne-Standard. Alles andere sind Sonderwünsche.

FESTWOHNSITZ: »Aufgrund der hervorragenden Lage sind die Einheiten ideal geeignet als Festwohnsitz, zur Vermietung an Sommergäste oder als Kapitalanlage.« Es handelt sich um Wohnungen in Grömitz. Da gibt es Sommergäste. Im Sommer. Und im Winter ... wie soll ich sagen ... Kennen Sie den *Regenroman* von Karen Duve? Oder den Film *Shining*?

Seinen Festwohnsitz sollte man besser dorthin verlegen, wo auch andere ihren Festwohnsitz haben.

FEUCHTBIOTOP: Perfekte Rache am vollspießigen → Nachbarn, der Ihnen das Leben schwer macht: Sie legen in Ihrem Garten ein Feuchtbiotop mit artengeschützten Fröschen an. Das daraus hervorklingende Gequake muss Ihr Nachbar entschädigungslos hinnehmen, da das Naturschutzrecht den Rückbau des Biotops verbietet und Sie den Froschlärm ja leider (!) weder unterbinden noch reduzieren können. Es lebe Jürgen Trittin!

FLUCHTWEG: Sie haben sich eine Polystyrol-Dämmung andrehen lassen? Nun brauchen Sie dringend folgende Fluchtwege:

a) Einen ausreichend großen Kellerlichtschacht.
b) Fenster oder Balkon zur Straße.
c) Großes Dachfenster, aus dem die Feuerwehr Sie bergen kann. Sonst Gnade Ihnen Gott.

Und vergessen Sie nie: »Jeder sollte sich so umfassend beraten lassen wie beim Kauf eines ungleich preiswerteren Autos.« (*Hamburger Abendblatt*, 28.1.2012)

FRANZÖSISCHE FENSTER: Bodentiefe Fenster. Früher: Tür. Heute: Pflichtausstattung in → Townhouses. Ideal für Spanner, Voyeure und Rentner, also die → Nachbarn in den → Parkterrassen, deren eigenes französisches Fenster durch die Legebatterie-Architektur höchstens drei Meter von Ihrem entfernt ist.

FRANZÖSISCHER BALKON: Kein Balkon. Auch kein Balkonimitat. Nein, bloß ein Gitter, das verhindert, dass man rausfällt, wenn man das bodentiefe Fenster öffnet.

FRANZÖSISCHES BETT: Doppelbett, das zu klein ist, um zu zweit darin zu schlafen.

GARTEN: Früher: weitläufige Anlage mit Wald, Rasen, Teich, Blumenrabatten und Gemüsebeeten. Heute: vier Quadratmeter großes Stück Rasen vor der Terrasse, von links und rechts einsehbar durch grillende Miteigentümer, die sich selbst zum Kaffee einladen.

GAUBE: Für den Wohnungsbesitzer: Einbuchtung im Dachgeschoss, die der Tochter im Kinderzimmer einen Schreibtisch am Fenster mit freiem Blick nach draußen ermöglichen würde.

Für den → Bauamtsmitarbeiter: Möglichkeit, durch Verweis auf das gestörte → Stadtbild den vermeintlich über ihm stehenden Wohnungseigentümer zu erniedrigen, indem man die Gaube entweder ganz verbietet oder um die Hälfte verkleinert.

GEBRAUCHTES HAUS: Wenn wir einen Gebrauchtwagen kaufen, dann sind wir sehr misstrauisch. Bei einem gebrauchten Haus sind wir es merkwürdigerweise nicht. Machen Sie sich doch bitte mal Folgendes klar: Bis 1960 spielte Bauphysik kaum eine Rolle, Kellerfundamente und Wände wurden nicht ausreichend abgedichtet, Stahlträger sind inzwischen verrostet, Sanitärinstallationen korrodiert, Gasleitungen undicht, Dachstühle nicht gedämmt, es fehlt an Brandschutz, Schallschutz und Wärmeschutz, und das Holz ist von Feuchte und Fäulnis befallen. Zwischen 1950 und 1990 kam die frühe Bauchemie mit all ihren Horrorstoffen zum Einsatz: teerhaltige Parkettkleber, Asbestzementplatten, lungenschädliche Mineralwolle, formaldehydhaltige Pressspanplatten, krebserregende Holzschutzmittel. Erst seit 1990 existieren Haustechnik, Bauphysik und Bauchemie in vertretbarem Standard. Im schlimmsten Fall wurde ein feuchter und verrosteter Altbau von 1910 bei seiner Sanierung 1975 noch asbestverseucht. Die Bautechnik hat sich mindestens so rasant entwickelt wie die Automobiltechnik. Würden Sie heute einen Wagen von 1960 fahren? Oder einen von 1910?

GEBÜHREN: Machen Bausparverträge unrentabel. Bausparer müssen Abschlussgebühren, Bearbeitungsgebühren, Kontoführungs- und Zuteilungsgebühren bezahlen. Allein für den Abschluss wird ein Prozent der Bausparsumme fällig – bei

200 000 Euro Kredit mal eben 2000 Euro Abschlussgebühr. Niels Nauhauser von der Verbraucherzentrale Baden-Württemberg: »Fast alle Angebote sind eine Zumutung. Bausparen ist die reine Geldvernichtung.« (*DIE ZEIT*, 4.7.2013) Die Einzigen, die profitieren, sind die → Banken. Falls die Finanzierung scheitert, kassieren sie eine hohe → Vorfälligkeitsentschädigung.

GEGENZEICHNEN: Experten raten, dem → Hausverwalter mit der kriminellen Visage keinen freien Zugriff auf das → Treuhandkonto zu gewähren, sondern jede Überweisung durch ein Mitglied des Eigentümerbeirats gegenzeichnen zu lassen. So hätten die Millionenbetrügereien deutscher Hausverwalter verhindert werden können. Aber mal ehrlich: Wer hat Lust dazu? Schon Rubinstein sagte: »Lieber ein paar Fehler abends im Konzert, als jeden Tag stundenlang üben.«

GELDILLUSION: Unfähigkeit des normalen Zeitgenossen, eine nominale Vermögensbildung von einer realen zu unterscheiden. Also zu begreifen, was Inflation bedeutet. Beispiel: Herr K. kauft ein Haus für 200 000 Euro und verkauft es 15 Jahre später für 300 000 Euro. Er freut sich über einen vermeintlich satten Gewinn von 100 000 Euro, also 50 Prozent der Ausgangssumme. Was er dabei vergisst: Die bejubelten 300 000 Euro sind nur noch so viel wert wie im Kaufjahr 180 000 Euro. In Wahrheit hat er also nicht 50 Prozent Gewinn gemacht, sondern 10 Prozent Verlust.

GEMEINSCHAFTSEIGENTUM: Gegenteil von → Sondereigentum. Die Außenseite der Wohnungstür ist Gemeinschaftseigentum, die Innenseite Sondereigentum. Die Mauern gehören allen, die Tapeten Ihnen. Und alles, was Ihre Wohnqualität verbessert – Markisen, Mauerdurchbrüche, Gauben, Dachterrassen –, muss von jedem einzelnen boshaften Miteigentümer auf der → Eigentümerversammlung abgesegnet werden. Da hilft nur großzügige Vorteilsgewährung.

GENOSSENSCHAFT: Im Grunde die einzige preisgünstige Alternative zum privaten Wohnungsmarkt. Telefonieren Sie spaßeshalber mal alle Genossenschaften in Düsseldorf, Frankfurt und Stuttgart durch. Sie werden viel Gelächter ernten. Die Wartelisten wurden nach dem tausendsten Bewerber geschlossen.

GESCHLOSSENER IMMOBILIENFONDS: Ihr Geld liegt erst 20 Jahre fest. Und ist danach weg. Weil keine Gewinne abfallen, gilt das Ganze als Liebhaberei, und Sie können die Verluste nicht mal absetzen. So viel zum → Steuernsparen. Wenn Sie Ihr Geld partout vernichten wollen, machen Sie es lieber wie Janosch: Lassen Sie es sich auszahlen, verbrennen Sie die Scheine in Ihrem Garten und genießen Sie den Augenblick der Anarchie.

GESUCHE: Merkwürdige Kategorie auf Immobilienseiten, wo Mieter sich selbst anpreisen. Kleiner Test – wem würden Sie Ihre Wohnung vermieten:
a) »alleinsteh. Frau, 56 J., gesich. Einkommen, keine Kinder, keine Haustiere, kein Klavier etc.«
b) »Beamtin (NR, zuverl.)«
c) »seriöses Ehepaar i. R.«
d) »Single (34 J., Bankang.)«
e) »Pilot«
f) »Ohnsorg-Schauspieler«?

Ich nehm den Piloten. Vermieter bevorzugen übrigens laut einer Umfrage von ImmoScout24 kinderlose Paare, möglichst Handwerker und Beamte. Alleinerziehende Eltern mögen ganze vier Prozent der Vermieter. WGs: zwei Prozent. Noch unbeliebter sind nur Rechtsanwälte und Politiker.

GMBH: Geldgrab mit bleibendem Herzinfarkt. Zum Glück leben wir in einem Rechtsstaat, und Ihr Bauträger haftet für alle Schäden und Mängel des Bauwerks, das er Ihnen angedreht hat. Auch dafür, dass er es irgendwann zu Ende baut. Er haftet... nun ja... nicht mit seinem persönlichen Geld oder Vermögen, sondern mit dem »Gesellschaftsvermögen« seiner Baufirma. Dafür reichen 25 000 Euro. Und dafür kriegen Sie in Münchner Randlagen sogar schon einen halben Tiefgaragenstellplatz. Was, wenn die GmbH pleitegeht, wer haftet denn dann? Sie! Hurra! Sie haben dann entweder eine → Bauruine, in der Sie leben können – oder eine, die Sie weder verkaufen noch nutzen können. Siehe auch → kaufen statt mieten und → Insolvenzverwalter.

GRILLRICHTLINIEN: Dafür bezahlen wir unsere Gerichte: Damit → Vollneurotiker ihren → Nachbarn verbieten können, diesem harmlosesten aller Hobbys zu frönen. Wenn Sie sehr viel Geld bezahlt haben, um aus Versehen neben einem Grillfeind zu wohnen, machen Sie sich auf Folgendes gefasst: Auf Balkonen dürfen Sie generell keinen Holzkohlegrill benutzen. Auf Balkonen und Terrassen dürfen Sie höchstens einmal im Monat grillen, und zwar nur dann, wenn Sie es 48 Stunden vorher angekündigt haben. Niemals nach 22 Uhr grillen, bei beengter Nachbarschaft nur viermal im Jahr. Ich weiß nicht, in welcher Welt diese Richter leben. Unsere türkischen Nachbarn und ihre befreundeten Großfamilien haben von April bis Oktober durchgegrillt. Ich bin Vegetarier. Und es hat mich nie gestört.

GRUNDERWERBSSTEUER: Wurde in Hamburg gerade eben auf 4,5 Prozent erhöht. In Berlin werden es ab 2014 sogar 6 Prozent sein. Dabei verdient der Staat ja auch an der Maklerprovision mit. Denn die 7,14 Prozent, die der Käufer in Berlin an den Makler zahlt, enthalten 19 Prozent Umsatzsteuer. Logisch, dass der Staat danach auch noch jedes Jahr → Grundsteuer kassiert!

GRUNDSTEUER: Behauptet jemand, das deutsche Steuerrecht sei kompliziert? Hier ist es ganz einfach: »Der Einheitswert wird mit der Grundsteuermesszahl und mit dem von der Gemeinde festgesetzten Hebesatz multipliziert.« Alles klar? 10,9 Milliarden Euro nahm die Bundesrepublik 2009 damit ein.

HALBES ZIMMER: Makler-Euphemismus für eine abstellraumgroße Kammer. Mit dem obligatorischen Zusatz: »Das wäre doch ein sehr schönes Kinderzimmer!« Merke: Jetzt ist Ihr Kind zwar noch klein. Aber in acht Jahren wird es nicht mehr in einem halben Zimmer leben wollen. Dann wird das Ihr Arbeitszimmer.

HANDTUCHGARTEN: Miniatur-Rasenstück, das einem die stolzen Neu-Eigentümer als Erstes präsentieren, wenn sie einem ihr halbe Million Euro teures → Townhouse vorführen. »Und hier kann Annalena spielen!« Arme → Kinder.

HAUSBESICHTIGUNG: Die Besichtigung eines gebrauchten Hauses ist kein Abtanzball. Was Sie mindestens parat halten sollten: Gartenhandschuhe, Taschenmesser, Schraubenzieher, Zange, Zollstock, Wasserwaage, Kunststoffbehältnis, Taschenlampe, Fernglas, Notizbuch und Fotoapparat. Messen Sie jede Breite und Höhe aus, schrauben Sie die Steckdosen ab, überprüfen Sie alle Leitungen, öffnen Sie klemmende Türen, entdecken Sie Unebenheiten, nehmen Sie Proben, leuchten Sie in dunkle Ecken, kontrollieren Sie das Dach, fotografieren Sie jede Verfärbung. Machen Sie bei allem ein griesgrämiges Gesicht, stöhnen Sie leise auf, schütteln Sie den Kopf, machen Sie sich Notizen, stellen Sie Fragen, die unverständliche Fachbegriffe enthalten, und telefonieren Sie zwischendurch in genervtem Tonfall in einer erfundenen Fremdsprache. Schlagen Sie am Ende mit Pokerface einen lächerlich niedrigen Preis vor. Bleibt der Verkäufer stur, gehen Sie noch einmal aufs Klo und setzen auf dem Weg unbemerkt einen Marder und eine Termitenfamilie frei. Vier Wochen später rufen Sie an, fragen, ob das Haus noch zum Verkauf steht, brechen in Lachen aus – und legen auf.

HAUSFRIEDENSBRUCH: In der Mietwohnung ist der Mieter Inhaber des Hausrechts. So kommt die skurrile Tatsache zustande, dass derjenige Vermieter, der sich seine eigene Wohnung ansehen will, Hausfriedensbruch begeht. Um keinen Hausfriedensbruch zu begehen, muss er sich 24 Stunden vorher anmelden, einen wichtigen Grund nennen und einen Termin vereinbaren. *Falls* es eine Besichtigungsklausel im Mietvertrag gibt. Ohne diese Klausel darf er seine eigene Wohnung nur bei Gefahr, Wasserrohrbruch oder ähnlichen Katastrophen betreten.

HAUSORDNUNG: Lebenssinn, Daseinsgrund und Hauptbezugssystem Ihres → Nachbarn. Meist geht es um so etwas wie Schuhschränke im Treppenhaus. In einer Mischung aus Pitbull und Unteroffizier wird er Sie anfahren: »Haben Sie sich mal überlegt, was hier los wäre, wenn das jeder machen würde?« Ja, möchten Sie antworten. Dann hätte jeder zwei Quadratmeter mehr Wohnfläche. Leider sind → Vollneurotiker nicht zugänglich für → Argumente.

HAUSVERWALTER: Wie Hausbock. Richtet großen Schaden an, und man wird ihn nicht los. Kassiert durchschnittlich 292 Euro pro Wohnung und Jahr. Gegenwert unklar. Theoretisch kann man ihn abberufen. Mit einer Zweidrittelmehrheit der Eigentümer in schriftlicher Abstimmung nach Ablauf der zehnjährigen Kündigungsfrist. Falls er wegen Betrugs, Raubs und Untreue in mehreren schweren Fällen zu lebenslanger Haft mit anschließender Sicherungsverwahrung verurteilt ist. Praktisch aber hat der Hausverwalter drei Viertel der Eigentümer in der Hand, weil er alles über »Eigenbedarf«, Schwarzarbeit, illegale Mauerdurchbrüche, nicht genehmigte Terrassen und Putzfrauen ohne Aufenthaltserlaubnis weiß. Also, entweder Sie kennen ein Mitglied der albanischen Mafia, oder Sie nehmen ihn in Ihre Familie auf. »Es lohnt nicht, sein eigenes Haus abzubrennen, nur um den Hausverwalter loszuwerden.« (China)

HOBBYRAUM:
a) Restfläche im Keller ohne Fenster.
b) Vorgesehener Aufenthaltsraum für den Erwerber der Immobilie.
c) Ursache für Midlife-Crisis.

d) Verarbeitung derselben durch Bohren, Hämmern, Nageln und Sägen.

HOCHWERTIG: Ist einem Maklerexposé zufolge grundsätzlich alles an einer Immobilie: die IKEA-Einbauküche aus Birkenfurnier, die weißen Badfliesen von Praktiker und das Echtholzlaminat von Domäne. Vor allem das Exposé selbst: individuell einzigartiges, klassizistisch inspiriertes, hochmodern stilvolles und fast neuwertiges »Qualitätsmarketing«!

HOUSE: Früher: Haus. So ähnlich, nur durch Architektenmurks jetzt kleiner, unpraktischer und teurer. Gibt es wahlweise als Cityhouse, → Townhouse, Penthouse oder Dreamhouse. Demnächst als Ferienhouse, Bauernhouse und Reihenendhouse.

HUNDEHALTER: Werden in Mietwohnungen oft nicht akzeptiert und kaufen sich deswegen ein Haus. Am besten ein freistehendes → Einzelhaus. Und versäumen, sich vorher die Nachbarn näher anzusehen. Können dann so richtig auf den Hund kommen. Deutsche Richter haben nämlich nicht nur → Grillrichtlinien, sondern auch Bellrichtlinien ersonnen: Hundegebell ist während der Mittags- und Nachtruhe grundsätzlich verboten. Ein Hund darf nicht länger als eine halbe Stunde pro Tag bellen. Und nicht länger als zehn Minuten am Stück. Er darf also nur gelegentlich und vereinzelt bellen, und nur tagsüber. Ich sehe da genau zwei Möglichkeiten: Entweder Sie sprechen sehr lange mit allen Nachbarn, bevor Sie kaufen, und stecken ihnen dabei unauffällig hohe Beträge norwegischer Kronen oder Schweizer Franken ins Jackett. Oder Sie kaufen sich lieber eine Katze. Bis zu zwei herumwildernde Katzen muss der Nachbar in seinem Gemüsebeet dulden. Laut höchstrichterlicher Katzenrichtlinien.

HYPO REAL ESTATE: Schwarzes Loch für Geld. Die verstaatlichte Münchner Immobilienbank kostete den Steuerzahler allein 2010 drei Milliarden Euro, bis 2020 sollen es zehn Milliarden sein. Sagte ich vorhin, es sei sinnvoll, Steuern zu zahlen? Der Ex-Chef Georg Funke, der die Hypo Real Estate gegen die Wand fuhr, lebt übrigens inzwischen auf Mallorca. Als Immobilienmakler.

HYPOTHEKENKREDIT: Eine schwere Hypothek. Um sich Geld für den Kauf einer Wohnung zu leihen, verpfändet man diese Wohnung an seine Bank. Achtung: Beträgt Ihr Eigenkapital zehn Prozent des Kaufpreises, dann deckt das nicht mal die Nebenkosten. Das Haus gehört dann zu 100 Prozent der Bank. Bei vier Prozent Zinsen und einem Prozent Tilgung gehört es nach zehn Jahren noch zu 88 Prozent der Bank. Aber genau dann läuft in der Regel die Zinsbindungsfrist ab. Und wenn der Zinssatz zwischenzeitlich auf sieben Prozent gestiegen ist? Dann hilft nur noch die längst überfällige Gehaltserhöhung (»Äh, Chef, also ... meine Bank ...«) oder die → Zwangsversteigerung.

IMMOBILIEN: Wörtlich: Unbewegliches. Unbeweglich ist das Grundstück. Unbeweglich ist das hässliche Äußere (→ Architektur). Unbeweglich wird der Besitzer, weil er sich nach → Notar, → Courtage, → Grunderwerbssteuer, Kredit, Wohngeld, Umzug, → Einbauküche und → Instandhaltungsrücklage keine schönen Urlaube mehr leisten kann. Unbeweglich ist auch der

Gesetzgeber, der es nicht fertigbringt, Makler- und → Baurecht zu modernisieren. Dazwischen bewegen sich wieselartig und behände die → Makler und Baufinanzierer, die sich an ebenjener Unbeweglichkeit dumm und dämlich verdienen.

INDIVIDUELLER GRUNDRISS: Schwer zu möblieren.

INFLATIONSPANIK: Grundmentalität in Deutschland. Stell dir vor, du hast Geld, und es ist plötzlich nichts mehr wert. Hierzulande so geschehen in den Jahren 1923 und 1948. Zwei Traumata in 26 Jahren: Das war einfach zu viel. Seitdem kaufen wir aus Inflationspanik reihenweise überteuerte Immobilien. Da haben wir echt einen Schaden. Wir alle? Nein. Ein kleines gallisches Dorf leistet Widerstand. Und zwar die → Banken, die diese Einkäufe finanzieren. Sie haben anscheinend überhaupt keine Inflationsangst. Sonst würden sie uns kaum einen → Hypothekenkredit über 15 Jahre für 2,41 Prozent geben.

IN KÜRZE BEZUGSFERTIG: Der Architekt hat gerade mit den ersten Entwürfen begonnen. Die aber waren derart schlecht, dass man vermutlich einen anderen Architekten beauftragt.

INSOLVENZVERWALTER: Unterschätzter Beruf der Immobilienbranche. → Bauruinen ruinieren erst den → Bauträger, dann den → Bauherrn. Aber der Insolvenzverwalter bekommt jahrelang Unsummen dafür, dass er jedes Jahr wieder feststellt: Auf der Baustelle hat sich nichts getan. Ach so! Die → renditestarke Kapitalanlage verwandelt sich so in starke Rendite ohne Kapitalanlage. Die Steigerung von Faulheit: → Notar – Insolvenzverwalter – Erben.

INSTANDHALTUNGSRÜCKLAGE:

a) Das Geld, das Wohneigentümer auf die Sonderkonten der Hausverwalter einzahlen müssen, für den Fall, dass teure Reparaturen anfallen. Im Schnitt 150 Euro pro Eigentümer und Monat. Insgesamt über 14 Milliarden Euro im Jahr.

b) Das Geld, auf das Hausverwalter unbemerkt zurückgreifen, wenn Urlaub in Florida ansteht oder ein neues Pferd oder ein neuer Porsche. Fast alle rechtskräftig verurteilten Hausverwalter haben sich dieser Masche bedient. Achten Sie mal darauf – Hausverwalter bedrängen die Wohneigentümer stets damit, diese Rücklage möglichst hoch zu halten. Bringen Sie Ihren Hausverwalter ins Schwitzen. Fordern Sie bei der nächsten WEG-Versammlung Einblick in das → Treuhandkonto.

INTEGRIERTER WOHN-, KOCH- UND ESSBEREICH: Architektonisches Zentrum und Highlight des → Townhouse. Einziges Problem: Man hat stundenlang für seine Gäste gekocht, kann aber nicht in Ruhe zusammensitzen und essen, weil man vom Esstisch aus den ganzen Abend die vollgerümpelte, mit Küchenabfällen und Soßenresten verklebte Arbeitsplatte im Blick hat. Wenn man sich stattdessen daranmacht, nach dem Essen alles wegzupacken, abzuwaschen und aufzuräumen, wird man beim Umdrehen feststellen, dass die Gäste schon gegangen sind.

INTERESSIERTER KUNDE: Ausrede des Maklers, der sich auf eine → Von/an-privat-Anzeige meldet: »Ich habe einen Kunden, der genau so etwas sucht, das Sie verkaufen. Darf ich ihm Ihr Objekt anbieten?« Sagen Sie jetzt auf keinen Fall Ja. Denn selbst wenn dieser Kunde Ihre Anzeige längst gelesen hat, muss er dem Makler eine Provision in Höhe eines Mittelklassewagens zahlen, wenn dieser ihn zehn Minuten später anruft und von Ihrer Wohnung berichtet. Als Nächstes wird der Makler sagen: »Ich habe noch viele weitere Kunden, die sich für Ihr Objekt interessieren. Darf ich es in meinen Katalog aufnehmen?« Jetzt hilft nur noch sofortiges Auflegen. Von da sind es nämlich lediglich drei rhetorische Kapriolen, und Sie haben ihm eine Exklusiv-Vermarktung für drei Jahre versprochen.

KALTAKQUISE: Auch »Cold Call«. Kommerziell motiviertes Stalking. Der arbeitslose Makler telefoniert einfach alle → Von/an-privat-Anzeigen auf Immonet durch. Dies ist mittlerweile illegal. Aber darüber denken etwa 90 Prozent der Makler ähnlich wie die Bewohner der St.-Pauli-Hafenstraße: Legal – illegal – scheißegal!

KAPITALLEBENSVERSICHERUNG: Undurchsichtige, renditeschwache Anlageform, von der Verbraucherzentralen abraten. Leider lassen sich jede Menge Ahnungslose im Zusammenhang mit ihrer Baufinanzierung auch noch eine Kapitallebensversicherung andrehen. Nur mal so: Der Garantiezins einer Lebensversicherung liegt seit 2011 bei 1,75 Prozent. Die vom »Berater« versprochene »Überschussbeteiligung« ist ein Witz. Bitte das Kleingedruckte lesen. Und das Produkt weiträumig umfahren. Siehe auch → Bausparfalle.

KAUFEN STATT MIETEN:
a) Zivilreligion in Deutschland. Siehe auch → Eigenheim.
b) Argumentloses Argument dafür, eine Immobilie zu kaufen.

Das »Argument«: Das Geld für die Miete sei »verloren«. Das für die eigene Immobilie nicht. Und wissen Sie was? Wenn Baukredite zinsfrei wären und es keine → Erwerbsnebenkosten gäbe, dann würde das sogar stimmen! Die meisten Menschen scheinen sich jedoch nicht klarzumachen, dass der größte Teil dessen, was sie über die Jahre an ihre Bank zahlen, nicht aus der Tilgung, sondern aus den Zinsen besteht.

KAUFPREISVORSTELLUNG: Fantasiepreis.

KELLER: Wurzel allen Übels. Große Teile unserer Großstädte sind in Sumpf hineingebaut. Die Keller sind dauerfeucht, gefährden das Fundament und durchfaulen alles, was man dort aufbewahrt. Das Einzige, was helfen würde: das Haus komplett abreißen und in einer Betonwanne wieder neu hochziehen. Jedenfalls deutlich billiger als eine Schwammsanierung. In Österreich: Diskreter Aufenthaltsraum für Zweitfamilie oder Zwangsgeliebte.

KINDER: Hauptgrund, warum man seine schöne Mietwohnung im Szenestadtteil aufgibt, einen Makler aufsucht und ein Haus mit Garten kauft. Auf dem Land. Oder mit → Handtuchgarten im Vorort. Schade, dass man die Kinder nicht fragen kann. Die wohnen nämlich total gerne in der Stadt. Und verfluchen spätestens mit zwölf die öde Gegend, in welche die Eltern ihretwegen gezogen sind.

KIRCHENGRUNDSTEUER: Sind Sie evangelisch oder katholisch? Dann fallen in manchen Regionen auf die ohnehin fällige Grundsteuer noch mal zehn Prozent Kirchensteuer an. Das nennt sich dann Annexsteuer. Zu weiteren Risiken und Nebenwirkungen Ihrer Kirchenmitgliedschaft fragen Sie Ihren Propst oder Superintendenten.

KLUMPENRISIKO: Wissen wir, wie sich der Wert von Aktien, Immobilien, Gold oder Briefmarken entwickeln wird? Nein. Vernünftig ist es deshalb, das Risiko zu streuen, indem man sein Vermögen auf verschiedene Anlageklassen verteilt. Der Immobilienkäufer tut genau das Gegenteil: All sein Erspartes steckt er in eine Immobilie. Und nimmt sogar einen hohen, langfristigen Kredit auf. Nehmen wir an, 15 Prozent der Kaufsumme ist sein Erspartes, der Rest ein Kredit. Verliert das Haus dann um 15 Prozent an Wert, ist sein gesamtes Vermögen vernichtet. Nicht gerade eine intelligente Anlagestrategie, oder?

KÜNSTLICHER ZEITDRUCK: Hauptverkaufstrick von Maklern. Und der eigentliche Grund, warum Sie das unpraktische Townhouse mit fünf Zimmern auf vier Etagen und kinderfeindlichen → Nachbarn gekauft haben, das Sie den Rest Ihres Lebens abzahlen müssen. 40 Jahre, in denen Sie in Ruhe darüber nachgrübeln können, ob das stimmte mit der allerletzten Wohnung und den 200 anderen Interessenten . . . Den folgenden Tipp gebe ich Ihnen umsonst, aber nur, wenn Sie versprechen, sich daran zu halten. Er kann Ihr Lebensvermögen, Ihre Nerven und Ihre Ehe retten. Sind Sie bereit? Gut. Es ist nur ein Satz. Nur sieben Wörter: KAUFEN SIE NIEMALS, NIEMALS, NIEMALS UNTER ZEITDRUCK! »Im Prinzip ja«, sagen Sie. »Aber bei uns ist es etwas anderes. Weil, der Makler hat erzählt, für diese allerletzte Wohnung gibt es bereits ein interessiertes Ehepaar, und wenn wir jetzt sofort unterschreiben . . .«

KUNSTSTOFFFENSTER: Sollen Energie sparen. Dichten sehr gut ab. Und sind damit Hauptursache für massenhafte Schimmelpilzbildung. So führte der Wunsch, Energie zu sparen, zu einem regelrechten Allergieschub in Deutschland.

LAGE, LAGE, LAGE: Standardspruch von Immobilienmaklern, um naiven Käufern den überhöhten Hauspreis in einer guten Wohnlage als schlaues Investment zu präsentieren. Dazu nur zwei Hinweise: 1. Dass man sich in einer → Blase befindet, merkt man immer erst, wenn sie geplatzt ist. 2. Eine echte → Wertsteigerung werden Sie nur erleben, wenn eine ehemals schlechte Lage, in der Sie eine Wohnung günstig gekauft haben, sich überraschend zu einer guten entwickelt, wie etwa das Hamburger Schanzenviertel oder Tribeca in Manhattan. Das kann aber zum Kaufzeitpunkt kein Mensch wissen. Sonst wäre der Kaufpreis schon viel höher gewesen. Und Sie hätten wiederum keine Wertsteigerung gehabt.

LANDHAUS: Möchten Sie die wenigen Stunden Freizeit, die Ihnen bleiben, mit Unkrautjäten und Rasenmähen verbringen? Dann sind Sie hier richtig. Fragen Sie mal Leute, die auf dem Land groß geworden sind. Die wohnen lieber mitten in der Stadt. Und gehen ins Kino statt ins Gartencenter. Liebe Schwule und Lesben, Künstler und Journalisten, Linke und Grüne: Vergesst es einfach. Der Satz ist schon tausend Jahre alt und stimmt immer noch: Stadtluft macht frei.

LÄRMBELÄSTIGUNG: Motorradknattern: Egal. Autobrummbrumm: Gehört dazu. Windradgeklapper: Na logo. Aber wenn Kinder herumtoben? Nicht zum Aushalten! In Hamburg mussten schon mehrere Kindertagesstätten schließen, weil → Nachbarn gegen die Lärmbelästigung geklagt haben. Was nützen da Kindergeld, Elterngeld und Betreuungsgeld? Kinder sind letztlich nichts weiter als schädliche → Emissionen.

LIQUIDITÄT: Geld haben. Oder jemanden haben, der einem noch Geld leiht, nachdem man Hunderte von Millionen in den Wind gepustet hat. Oder niemanden mehr haben, der einem Geld leiht. Siehe Offener Immobilienfonds AXA Immoselect der AXA-Versicherungsgruppe: »Der AXA Immoselect wird aufgelöst, da es nicht gelungen ist, die für die Wiedereröffnung erforderliche Liquidität zu schaffen.« So das Fondsmanagement. Haben das alle verstanden? »Aufgelöst« bedeutet: Das Geld ist weg! Nur wo? Vielleicht demnächst in der Anwaltskanzlei Mierau. Siehe auch → Offene Immobilienfonds, → Schadensersatz.

LIQUIDITÄTSRISIKO: Nehmen wir an, Sie haben das → Klumpenrisiko auf sich genommen und all Ihr Geld in Ihre Immobilie gesteckt. Und jetzt brauchen Sie plötzlich dieses Geld. Weil Sie Ihre Stelle verloren haben. Weil Ihnen als Selbstständiger der Umsatz wegbricht. Weil Sie plötzlich Unterhalt zahlen müssen. Oder schlicht, weil vor Ihnen die Investitionschance Ihres Lebens liegt. Selbst wenn Ihre Immobilie im Wert gestiegen ist – jetzt müssen Sie an Ihr Geld erst mal rankommen. Erstens muss Ihre Frau oder Exfrau zustimmen. Zweitens brauchen Sie einen Käufer. Und drittens einen Käufer, der das mit der Wertsteigerung auch so sieht. Und bereit ist, das geforderte Geld jetzt auf den Tisch zu legen. Sonst sind Sie in der paradoxen Situation, dass Sie theoretisch sehr reich sind. Praktisch aber pleite. Siehe auch → kaufen statt mieten.

LOFTFEELING: Warum wohnt jemand freiwillig in einer Fabrikhalle? Warum kaufen Leute übergroße und kaum beheizbare Loftwohnungen? In einem Dahler&Company-Prospekt fand ich die Antwort: »Preußische Kappen und hohe Decken erwecken typisches Loftfeeling.« Das sollte einem schlappe 1 980 000 Euro wert sein. Für das »Designerloft«. Provision: 123 750 Euro. Das muss ein Feeling sein! Ein Designerloftprovisionsfeeling.

LUXUSIMMOBILIEN:
a) Immobilie ab 10 000 Euro pro Quadratmeter.
b) Vermarktungsschwerpunkt von Georg Funke, Ex-Chef der → Hypo Real Estate.
c) Mittlerweile alle Häuser und Wohnungen im Zentrum deutscher Großstädte.

MAISONETTE: *Kein* Haus! Auch kein kleines Haus. Sondern eine unpraktische Wohnung über zwei Etagen, die zehn Prozent der Wohnfläche für eine Treppe vergeudet.

MAKLER: Aus der Mode kommender Begriff für jemanden, der es sich zum Beruf gemacht hat, sehr viel Geld ohne Gegenleistung zu kassieren (→ Courtage). Früher: Mäkler. In den Nullerjahren: Immobilienberater, Verkaufsbetreuer. Heute: Immobilien Property Consultant oder Real Estate Agent. Merke: Er ist der Einzige, der an einem Immobiliengeschäft auf jeden Fall verdient. Oft ist der Makler gleichzeitig Baufinanzierer (LBS) oder → Hausverwalter. Das ist praktisch für ihn, denn der Hausverwalter muss dem Verkauf einer Eigentumswohnung zustimmen.

MEDIATION: Letzter, vergeblicher Versuch des Mannes, an sein Erspartes zu kommen, das in der Immobilie steckt, in der seine Exfrau wohnt. Merke: Ohne Zustimmung des Partners kann man eine Immobilie in Deutschland nicht verkaufen. Millionen Menschen rennen jedes Jahr blind in diese Falle. Da hilft nur: Mieten, mieten, mieten!

MELANCHOLIE: Es ist schon traurig genug, wenn das Ferienhaus leer steht, weil sich keine Mieter finden. Und wenn man den Fernseher daraus entfernen muss, damit nicht schon wieder eingebrochen wird. Aber wenn dann noch die GEZ für diese Zeiten ohne Gäste und ohne Fernseher Fernsehgebühren kassieren will, das ist wirklich deprimierend. Und wenn das Oberverwaltungsgericht Niedersachsen diese Form der Wegelagerei für rechtens erklärt (Az. 4LC141/10): Dann bleibt einem nur das süße, schwarze Gift der Melancholie.

MIETEN: Höhere Lebensform, die ohne → Banken, → Zukunftswette, → Miteigentümer, → Hausverwalter und → Zwangsversteigerung auskommt. Einziger natürlicher Feind: → Eigenbedarf.

MIETMINDERUNG: Ameisen in der Küche? Der Vermieter kann zwar nichts dafür. Trotzdem ist es gut und sinnvoll, erst mal die Miete zu mindern. Der entnervte Eigentümer hat dann den doppelten Schaden. Er muss den Kammerjäger bestellen – und auf seine Einnahmen verzichten. Mindern Sie bei allen erdenklichen Gelegenheiten: Baulärm im Flur, Kindertagesstätte in Hörweite, Behinderte auf dem Nachbargrundstück. Im Zweifel ist immer der Vermieter schuld. Siehe auch → renditestarke Kapitalanlage. Wieso kann man eigentlich seine Hypothek nicht mindern?

MIETNOMADE: Mieter, der nie vorhatte, Miete zu zahlen, und nie Miete zahlen wird. Unter Ausnutzung sämtlicher mietrechtlicher Tricks kann er bis zu zwei Jahre in der Wohnung bleiben. Kurz vor der Zwangsräumung hinterlässt er die Wohnung zugemüllt und verwüstet und verschwindet spurlos. Wie zum Hohn muss der Vermieter auch noch das Gerichtsverfahren, die Zwangsräumung und die Renovierung selbst bezahlen. Etwa 200 Millionen Euro Schaden verursachen Mietnomaden jedes Jahr in Deutschland. Insgesamt machen Mietausfälle vermieteter Wohnungen bei uns über zwei Milliarden Euro im Jahr aus. Siehe → Top-Rendite und → renditestarke Kapitalanlage.

MIETRECHT: Gut für den Mieter. Schlecht, wenn Sie sich vom Makler ein Mietshaus haben andrehen lassen. Das Geld hätten Sie besser der Gesellschaft zur Rettung Schiffbrüchiger gespendet.

MIETWOHNUNG: Für alle, die ihr Geld ungern zum Fenster rauswerfen. Spart die Kosten für → Grunderwerbssteuer, → Notar, → Reparaturen, → Einbauküche, → Tiefgaragenstellplatz und Hausversicherung. Der Makler muss sich mit zwei Monatsmieten zufriedengeben. Und bei jedem Kratzer im Treppenhaus mindern Sie die Miete um 80 Prozent. Das → Mietrecht ist stets auf Ihrer Seite. Mieten statt kaufen!

MIETWUCHER: So, und bevor Sie sich jetzt wortreich beschweren, dass Sie in München aktuell 12,40 Euro Kaltmiete für den

Quadratmeter bezahlen müssen, wenn Sie sich etwas Neues mieten – da kommen ja zusätzlich Betriebskosten, Strom, Wasser, Heizung, Telefon und GEZ obendrauf –, bevor Sie jetzt also jammern, schauen Sie sich erst mal die Quadratmeterpreise für London (27 Euro) und Paris (29 Euro) an. Und *dann* wandern Sie in der Statistik mit dem Finger etwas runter, noch weiter, und noch weiter – sehen Sie? In Bremerhaven zahlen Sie gerade mal 4,83 Euro pro Quadratmeter! Und dort ist es gar nicht so schlecht. Kultur? Gibt's dort auch! Zum Beispiel ein großes Auswanderermuseum. Auswanderer ... warum ist Bremerhaven noch mal berühmt fürs Auswandern? Gut, dann eben Chemnitz. 4,88 Euro pro Quadratmeter. München wird total überschätzt.

MITEIGENTÜMER: Gibt es in zwei Sorten. Die einen finden ihr Glück darin, Ihnen die Genehmigung für den Mauerdurchbruch und die Errichtung einer Dachterrasse zu versagen (→ Gemeinschaftseigentum). Die zweite Sorte sind insolvente Unternehmensberater, die kein Wohngeld zahlen. Über Jahre. Dann kann man abmahnen. Und Strom und Wasser abstellen. Doch so ein insolventer Unternehmensberater ist zäh. Noch zäher als ein → Mietnomade. In jedem Falle müssen Sie am Ende für das aufkommen, was er schuldig geblieben ist. Gelebte Solidarität!

MITURSÄCHLICHKEIT: Sie werden sagen: »Hä?« Aber hier müssen Sie wirklich aufpassen. Die 30 000 Euro für den Makler müssen Sie nämlich nur zahlen, wenn er »mitursächlich« war. Wenn Sie von dem Haus ohne Makler erfahren haben, zahlen Sie nichts. Selbst wenn vier Makler es im Angebot hatten.

MODELLWOHNUNG: Auch das kann Ihnen in einer → WEG passieren: Unter der Anzeige »Willig&Billig« in der Rubrik »Kontakte« steht plötzlich Ihre Adresse.

Von morgens bis nachts schleichen alle fünf Minuten sympathische Männer zwischen 20 und 75 an den Hauseingang und klingeln Sturm. In die Wohnung in der dritten Etage links ist ein Whirlpool eingebaut worden, die roten Gardinen werden nicht mehr geöffnet, die beiden Damen sehen ausgemergelt und südländisch aus und sprechen kein Deutsch, und abends um sechs eilt ein stämmiger Mann mit Kampfhund und Pizzakartons durchs Haus, der wenig später auch auf der → Eigentümerversammlung auftaucht. Offenbar ein guter Freund des → Hausverwalters. Das Einzige, was dann noch hilft, ist eine Professorin für evangelische Theologie, die so lange mit jedem einzelnen Freier diskutiert, bis sowohl Freier als auch Zuhälter entnervt aufgeben.

Manchmal wirkt Glaube doch Wunder.

MULTI-EXPERTE: Was um aller Welt ist das? Ganz einfach: »AXA Investment Managers Paris SA (AXA IM) ist ein Multi-Experte in der Vermögensverwaltung und gehört zur AXA-Gruppe, einer der größten internationalen Versicherungsgruppen, einem der bedeutendsten Vermögensmanager weltweit. (…) Unser breitgefächertes Angebot in allen Assetklassen und die Kompetenz unserer Fondsmanager haben AXA IM trotz des schwierigen Umfelds weiter vorangebracht.« So weit, dass sie ihre Immobilienfonds AXA Immoselect und AXA Immosolutions leider komplett abwickeln müssen. So was schaffen nur Multi-Experten. Mit geballter Kompetenz. Siehe auch → Liquidität und → Schadensersatz.

NACHBAR: Person, die es sich zum Lebenszweck gemacht hat, Ihnen das Leben zu vermiesen (siehe Roman Polanski: *Der Mieter*). Klagt prinzipiell gegen jeden angrenzenden Neubau und treibt so zusammen mit der → Baubehörde die → Baukosten in die Höhe. Es ist wie bei Autofahrern: Der natürliche Feind des Immobilienbesitzers ist der angrenzende Immobilienbesitzer. Steigerung: → Miteigentümer.

NACHKRIEGSBAU: Schmucklose Wohnungen mit niedrigen Decken und geringem Wiederverkaufswert. 46 Prozent des Wohnbestandes in Deutschland stammen aus der Zeit zwischen 1949 und 1978. Eigentlich sind sie also schon ziemlich alt. Trotzdem werden sie niemals als → Altbau gelten. Denn darunter versteht man eine ästhetisch einladende Wohnung.

NEUBAUTEN: Es gibt einen ganz einfachen Grund dafür, dass es in Deutschland zu wenig Wohnungen gibt: Es werden zu wenig Wohnungen gebaut. Pro 1000 Einwohner haben die Franzosen 2012 7,8 Neubauwohnungen fertiggestellt. Die Österreicher immerhin noch fünf. Wir liegen mit 1,9 Neubauwohnungen pro 1000 Einwohner auf dem vorletzten Platz in Europa. Letzter ist Ungarn. Erinnert irgendwie an den Eurovision Songcontest.

NOTAR: Moderne Form des Raubritters. Kassiert viele 1000 Euro dafür, dass er in nuschelnd-monotonem Tonfall den Standardkaufvertrag aus seinem Computer vorliest, in den er die Namen der beteiligten Parteien eingetragen hat. Wieso man dafür ein zehnjähriges Doppelstudium braucht, hat mir noch niemand erklären können. Vorsicht: Ein Notar schützt nicht vor

Betrügern. Im Gegenteil: Jede Betrügerbande hat eigene Notare. Kai-Uwe Klugs berüchtigtes KK Royal arbeitete regelmäßig mit Michael Braun und Uwe Lehmann-Brauns zusammen: »Die Kanzlei Lehmann-Brauns, in der Braun gleichberechtigter Partner ist, hat nachweislich weit über 100 Immobilien-Kaufangebote beglaubigt, die einwandfrei aus der Schrottimmobilienszene kamen« (Klaus Maurischat in *taz.de*, 6.12.2011). Braun und Lehmann-Brauns waren gleichzeitig Landtagsabgeordnete der CDU, Braun sogar zwölf Tage Berliner Senator für Justiz und Verbraucherschutz (!), ehe er über diese Affäre stürzte. Er selbst sieht sich als unschuldig: »Ich behaupte mal, dass keiner wusste, was heute offensichtlich bekannt ist: dass eine derartige kriminelle Energie bei den Immobilienvertrieben vorhanden gewesen ist.« (*Berliner Zeitung*, 26.3.2012) Das Landgericht Berlin sprach ihn deshalb auch von allen dienstrechtlichen Vergehen frei. Nur: Wenn Notare prinzipiell ahnungslos sind – wozu sind sie dann eigentlich gut? Braun hat an allen Betrugsfällen gut verdient. Die Opfer verloren ihr Vermögen.

NUTZFLÄCHE: Der niedrige Kellerraum mit dem schmalen Fensterspalt, den einem der Freund zeigt, um den Kaufpreis für sein frischbezogenes → Townhouse zu rechtfertigen. »Guck mal«, sagt er und lächelt ein wenig stolz und ein wenig verlegen. »Hier ist dann mein Arbeitszimmer.« In der vorigen Mietwohnung im Stadtzentrum war sein Arbeitszimmer noch schön, groß und hell. Dafür, dass er jetzt im Keller arbeiten darf, gibt er praktisch sein gesamtes Lebensvermögen aus. Eines Tages, denkt man, wird ihm das bewusst werden. So führt die Nutzfläche zu Midlife-Crisis, → Paartherapie, → Mediation, → Scheidung und → Zwangsversteigerung.

OBERGRENZE FÜR PROVISIONEN: Existiert in Deutschland nicht. Außer für die Vermittlung von Mietwohnungen (zwei Nettokaltmieten). Bei Verkäufen kann die Provision beliebig hoch sein. Beim Vertrieb ostdeutscher → Schrottimmobilien wurden bis zu 35 Prozent Provision abkassiert. Zum Vergleich: In Großbritannien, Dänemark und den Niederlanden darf der Makler höchstens zwei Prozent der Kaufsumme berechnen.

OFFENER IMMOBILIENFONDS: Unkomplizierter Weg, sein Geld mit Immobilien loszuwerden: ohne Makler, ohne Wohnungsbesichtigung, ohne monotonen Notarmonolog! Die einzige Provision, die fällig wird, ist die vom Wertpapiermakler. Das ist der kleine Bruder des Immobilienmaklers, der nur 1,5 Prozent verlangt. Dafür ist das Geld noch schneller weg. 83 Milliarden Euro haben Offene Immobilienfonds in Deutschland eingesammelt. Davon sind 20 Milliarden bereits verbrannt. Siehe auch → Multi-Experte, → Schadensersatz.

OPEN HOUSE: Öffentliche Besichtigung. Erwachsene, die sich gegenseitig so missgünstig beäugen wie Eltern beim Landeswettbewerb »Jugend musiziert«. Steigerung: → Bieterverfahren.

PAARTHERAPIE: Letzte Hoffnung für einen Mann und eine Frau, die gemeinsam gebaut oder einen Neubau erworben haben. Wie sagt der Kabarettist Nico Semsrott: »Die Hoffnung stirbt zuletzt. Aber sie stirbt.« Zwei Drittel der Paartherapien in Deutschland enden mit Trennung.

PANTRY: Notfall- oder Kleinstküche. Klingt aber besser. Ursprünglich die Mini-Kombüse auf Jachten. Merke: Je aufgeblähter das Wort, umso trister der Inhalt. So ähnlich wie bei Quartier oder → House.

PARADIES FÜR TIERHALTER: Rund um diese Einzelhausruine existieren in einem Umkreis von 50 Kilometern keine Spuren von Zivilisation. Sie befinden sich in Brandenburg, Nordhessen oder im Emsland. Da hilft nur sehr viel Alkohol in möglichst konzentrierter Form: Whisky, Wodka, Schnaps, Absinth.

PARKTERRASSEN: Auch: Parkside, Parkquartier, Stadthaus-quartier, Stadthöfe. Reicher Neffe der → Reihenhaussiedlung. Ansammlung schmuckloser weißer Neubauquader mit → französischen Fenstern und Signalwirkung: Einbrecher, hierher!

PENDLER: Schizophrene Lebensform, die aus der Fehlentschei-dung resultiert, sich ein Haus auf dem Land zu kaufen, obwohl man einen Job in der Stadt hat. Die Idee: gut verdienen in der Metropole, günstig wohnen in einer Ferienidylle. Das Problem: An das große Haus und seine Vorteile gewöhnt man sich nach einem halben Jahr. An die Stunden im Stau nie. Das könnte diese ökologisch sinnvolle Lebensweise gefährden. Zum Glück hat sich der Staat etwas einfallen lassen, um sie zu retten: die Pendlerpauschale. So wird die Umwelt zwar versaut. Die Män-ner sind unglücklich. Die Kinder auch. Und erst recht die Ehe-frauen. Aber immerhin gelingt so das → Steuersparen.

PFÄNDUNGSBESCHLUSS: Die Krankenschwester Anja Schüller aus Würzburg hatte sich 1999 von der Badenia Bausparkasse überreden lassen, eine 52 Quadratmeter große Plattenbauwoh-nung in Chemnitz zu kaufen – für 137 000 DM. Die Badenia hatte ihr vorgerechnet, Steuerersparnis und Mieteinnahmen würden die Kosten für den Kredit locker decken. Es gab aber keine Mieteinnahmen. Sie konnte den Kredit nicht bedienen. Und die wertlose Wohnung auch nicht mehr verkaufen. Als sie einen Pfändungsbeschluss über 70 047 DM erhielt, nahm sie sich das Leben. Wie auch drei weitere Kunden der Badenia Bausparkasse. Übrigens: Die Badenia existiert immer noch. Mit dem Slogan: »Sie haben die gute Idee. Und wir die beste Finanzierung.«

PINSELSANIERUNG: Eine Sanierung, die darin besteht, dass man die Mängel überpinselt. Übliches Verfahren bei den über 6000 Wohnungen, die die Badenia Bausparkasse über die Drückerkolonnen von Heinen & Biege in den 1990er-Jahren als Steuersparmodell an Kleinverdiener vertrieb. Obacht: Bevor Sie eine Wohnung kaufen, lassen Sie einen TÜV-Experten die Wohnung prüfen. Und stellen Sie sicher, dass es sich bei ihm nicht um den Bruder des Maklers handelt.

PLATTENBAUWEISE: Haben Sie vielleicht 1,8 Millionen Euro über? Oder geerbt? Dann sehe ich zwei Möglichkeiten: Kaufen Sie sich ein Townhouse mit Elbblick. 200 Quadratmeter Wohnfläche, fünf Zimmer, Merbau-Parkett, Kamin und bodentiefe Fenster nahe der Elbphilharmonie. Oder Sie kaufen ein Hochhaus im Süden von Halle an der Saale: 129 Wohnungen mit einer Gesamtwohnfläche von 7397 Quadratmetern, auf einem 5529 Quadratmeter großen Grundstück, Baujahr 1978, teilsaniert, Plattenbauweise, für nur 1,73 Millionen. Na? Okay, lieber das Townhouse. Siehe auch → Lage, Lage, Lage und → Architektur.

POLIZISTEN: Waren die bevorzugten Opfer der Berliner Maklerbande um die »Privileg Massivhaus GmbH«, die Hunderte Privatanleger in den finanziellen Ruin trieb. Während Privileg Massivhaus längst pleite ist und die Ermittlungen noch laufen, sind deren Chefs schon wieder als Makler unterwegs – mit Hausbaufirmen in Stuttgart und München.

PREIS AUF ANFRAGE: Stammt aus dem Mystery-Marketing. Die Immobilie selbst ist vollkommen uninteressant. Man möchte dennoch unbedingt wissen, was sie gekostet hätte. Und lässt sich dann vom → Makler zu einer spontanen Besichtigung überreden ...

PREISSICHERHEIT: Einziges Argument dafür, sich eins dieser hässlichen Fertighäuser auf sein Grundstück zu setzen. Kleiner Hinweis: Die Honorare für den Architekten und den Statiker sind im »Festpreis« so wenig enthalten wie die Bauleitergebühren. Und: Der Hersteller liefert »ab Oberkante Keller«. Die Unterkellerung müssen Sie also auch selbst bezahlen.

PROVISION: Siehe auch → Courtage. Wie menschliche Dummheit: nach oben offen. Warum berechnen Makler eigentlich keinen Stundenlohn oder Tagessatz wie jeder andere Dienstleister? Oder eine pauschale Objektprämie? Solange der »Mäklerlohn« (BGB) so grotesk überhöht ist, sollten wir alle Makler boykottieren. Siehe → Genossenschaft, → von/an privat.

PROZENTRECHNUNG: Das, was wir alle nicht beherrschen. 0,5 Prozent klingt total wenig, oder? Quizfrage: Ein Hypothekenkredit über 200 000 Euro ist bei 5,5 Prozent Zins und 1 Prozent Tilgung in zehn Jahren um wie viel teurer als ein Kredit über 5 Prozent Zinsen und 1 Prozent Tilgung? a) 2361 Euro, b) 6.294 Euro, c) 12 588 Euro? Richtig: c).

QUALIFIZIERTER ALLEINAUFTRAG: Maklerparadies. Was auch passiert, wie auch immer der Verkauf zustande kommt – der Makler kriegt seine Provision. Kleiner Haken: Der § 652 BGB untersagt genau das. Ein Makler, der das trotzdem vorschlägt, begeht Rechtsbruch.

QUALITATIV HOCHWERTIG: In Deutschland haben 329 853 Wohnungen weder Toilette noch Dusche.

QUARTIER: Auch: Gebäudeensemble. Früher: Siedlung. Im Unterschied zur Ansammlung hässlicher Einfamilienhäuser, in denen wir in den 1970ern groß wurden, werden die Neubauflächen inzwischen derart eng bebaut, dass man dem → Nachbarn von Wohnzimmerfenster zu Wohnzimmerfenster Feuer geben kann. Dafür tragen sie so klangvolle Namen wie: Frühlingsquartier, Frühlingshöfe, Frühlingsgärten, Wohnensemble Frühlingsgärten oder Lichthofensemble Wohnfrühlingsquartier. Oder auch: Sommerblumenquartier, Sommerblumenhöfe, Sommerblumenensemblequartierhöfe, Sommerblumenlichthofwohngärtenquartierssiedlung ... äh ... nein ...

RAUCHMELDER: In Deutschland sterben jährlich zwischen 500 und 800 Menschen bei etwa 230 000 Bränden. Deshalb ist es eigentlich eine gute Idee, dass man sich in mittlerweile 13 Bundesländern Rauchmelder an die Decke pappen muss. In der Praxis jaulen diese Teile aber markerschütternd auf, wenn man nur

Bratkartoffeln anbrutzelt, und sind nur zur Ruhe zu bringen, indem man die Batterie ausbaut. Dann hat man hässliche, funktionslose Kunststoff-Dinger an der Decke pappen, die einen im Ernstfall vor gar nichts warnen. Liebe Ingenieure! Wie wäre es mit Rauchmeldern, die nicht auf Bratkartoffeln, sondern auf *Brände* reagieren?

RDM: Gegründet 1924 als Reichsverband Deutscher Makler, fortgeführt nach dem Zweiten Weltkrieg als Ring Deutscher Makler. Klingt irgendwie nach einer Mischung aus RAF und Menschenhändlerring. Weswegen sich der RDM nach der Fusion mit dem Verband Deutscher Makler 2004 in Immobilienverband Deutschland umbenannte. Ein schlauer Schachzug, kommt doch das Wort Makler hier gar nicht mehr vor. Gut erkannt vom langjährigen Vorsitzenden des RDM Bayern, Erwin Sailer: »Das Maklergewerbe hat es seit seiner Anfangszeit um die Wende des 19. zum 20. Jahrhundert mit Imageproblemen zu tun.« (Erwin Sailer: *Der Immobilienmakler*, S. 8) Warum bloß? Siehe auch Philip Roth: *Der menschliche Makler*.

REALPREIS: Gegensatz zu → Festpreis. Die Summe an Geld, die Sie Ihr traumhaftes neues → House tatsächlich kostet. Errechnet sich durch die Formel: $R = F + S + E + U + B$. Festpreis plus Sonderwünsche plus → Erwerbsnebenkosten plus Umzugskosten plus Beratungskosten durch TÜV, Verbraucherzentrale und Rechtsanwälte. Rechnen Sie sich das lieber nicht aus, es führt unmittelbar zu Midlife-Crisis, → Paartherapie, → Mediation und → Scheidung. Behalten Sie lieber immer nur den Festpreis in guter Erinnerung, und nennen Sie diesen auch auf Nachfrage Ihren Freunden. Wenn die dann denselben Fehler machen und

→ kaufen statt mieten, dann fühlen Sie sich nicht mehr ganz so allein.

REETDACHHAUS: Sieht schön aus. Aber allein die Versicherung kostet im Monat so viel, wie eine Bochumer Friseurin in dieser Zeit verdient. Neuerdings ruiniert außerdem ein Pilz die Reetdächer Schleswig-Holsteins. Wissen Sie was? Lassen Sie es. Es sei denn, Sie nutzen die Reetdachversicherung zur → Altersvorsorge.

REICHEN-GHETTO: Viel haben wir gelesen über soziale Brennpunkte wie Hasenbergl (München), Märkisches Viertel (Berlin) oder Kirchdorf-Süd (Hamburg). Viel besorgniserregender aber ist die Entwicklung in Düsseldorf: Eine ganze 600 000-Einwohner-Stadt droht zum »Reichen-Ghetto« zu verkommen, so der Deutsche Mieterbund NRW. Denn auch Besserverdienende können sich die Quadratmeterpreise zwischen 10 000 und 15 000 Euro nicht mehr leisten. Und da bereits 300 000 Pendler jeden Morgen Mega-Staus verursachen, ist das Häuschen im benachbarten Neuss auch keine Alternative mehr.

Düstere Aussichten. Braungebrannte, augengelaserte und fettabgesaugte Reiche begegnen jeden Morgen auf dem Weg zum Work-out-Wellness-Spa ausschließlich anderen Reichen, die vermutlich noch reicher sind. Die Folgen: Depression und Burn-out. Womöglich ein Umzug nach Grevenbroich oder nach Kaarst. Zum Glück steuert der Düsseldorfer Stadtrat bereits gegen: 20 Prozent Sozialwohnungen bei Neubauprojekten sollen für eine Unterschichtenquote sorgen, die das Selbstwertgefühl der psychisch labilen Reichen Schritt für Schritt wieder aufbaut.

REIHENHAUS: Von Helmut Schmidt erfundene und propagierte Lebensform in Hamburg-Langenhorn.

RENDITESTARKE KAPITALANLAGE: In diesem Objekt wohnen seit drei Jahren albanische Mietnomaden, die man dank des deutschen → Mietrechts nicht rausklagen kann, obwohl sie noch keinen Cent Miete gezahlt haben. Siehe auch: »Renditeobjekt«, »Für den renditebewussten Investor«, »Top-Rendite«, »Renditeknaller«, »Kapital clever anlegen«, »sichere Kapitalanlage«.

RENOVIERUNGSBEDÜRFTIG: Das kann selbst der Makler nicht mehr schönreden. Auch bekannt unter »fast neuwertig«.

REPARATUREN: Wenn ein Makler Ihnen → Betongold in Form einer vermieteten Wohnung andrehen will, wird er nicht darüber reden. Deshalb noch mal in aller Klarheit: In Deutschland zahlt der Vermieter sämtliche anfallende Reparaturen. Genau dahin wandert die »Top-Rendite«, die Makler und Anlageberater Ihnen vorgerechnet hatten. Da nützen auch keine Excel-Tabellen. Im Emsland sagt man: »Es kommen gerne Hand in Hand / Wasserrohrbruch und Küchenbrand.«

RESERVIERUNGSGEBÜHR: Sie sind auf folgenden Standardverkaufsmonolog reingefallen: »Ein anderes Ehepaar war gestern schon da … ja, sehr stark interessiert … und dies ist das letzte Reihenendhaus in diesem Quartier, hatte ich das erwähnt? Und das einzige in Südwestlage … Ja … mmh … wissen Sie, was mir gerade einfällt? Ich könnte für Sie eine Ausnahme machen … wenn Sie jetzt diese Reservierungsvereinbarung unterschreiben, die ich zufällig dabeihabe, dann … wissen Sie, ich glaube, Sie passen sehr gut zu diesem Objekt ... wenn Sie hier unterschreiben mögen ...«

Glück gehabt, denken Sie. War der aber auch nett! Wenn Sie allerdings am nächsten Wochenende ein deutlich schöneres und günstigeres → House finden oder entdecken, dass der Bauträger bereits in zwanzig Zivil- und Strafprozesse verwickelt ist – die Reservierungsgebühr müssen Sie trotzdem zahlen. Es sei denn, sie übersteigt zehn Prozent der üblichen Maklerprovision – dann hätte sie notariell beurkundet werden müssen. Auch wieder etwas, das niemand weiß.

ROHRE: Sind meistens alt und brüchig. Besonders in → Altbauten. Führt leider nicht zu Preisnachlass beim Kauf. Sondern zu endlosen Diskussionen in der → Eigentümerversammlung.

SACKGASSENLAGE: »Dieses Wohnobjekt in reiner Sackgassenlage überzeugt durch moderne WK70-Reihenhäuser.« Soll heißen: Es gibt weit und breit keine Geschäfte, dafür hört man nur die Autobahn von da drüben. »Reine Sackgassenlage« soll dagegen *nicht* heißen, dass man sein Leben durch diesen Kauf in eine Sackgasse manövriert. Auf keinen Fall!

SANIERUNGSOBJEKT: »Ich sag Ihnen gleich: Hier muss einiges gemacht werden.« Wenn der Makler so anfängt, können Sie schon mal das Organspendeformular ausfüllen.

SCHADENSERSATZ: Die einen haben den Schaden. Die anderen helfen. Selbstlos. Direkt im Immobilienteil des *Hamburger Abendblatts* prangt fettgedruckt: »AXA Immoselect Geschädigt? Wir haben die nötige Erfahrung und helfen Ihnen bei der

Durchsetzung von Schadensersatzansprüchen. Anwaltskanzlei Mierau.« Aufgepasst: Immer die richtige Reihenfolge einhalten. Erst Immobilienfondsanteile kaufen. Dann zusehen, wie das Geld verschwindet. Dann zur Anwaltskanzlei Mierau. Auf keinen Fall umgekehrt!

SCHEIDUNG: Direkte oder indirekte Folge des Erwerbs einer Immobilie. Und dann gibt es drei Möglichkeiten: Gehört sie der Frau, muss der Mann ausziehen. Gehört sie beiden, muss der Mann ausziehen. Und gehört sie dem Mann, muss der Mann ausziehen. Das ist das Ergebnis der hochwertigen und leider nicht besonders günstigen → Mediation.

SCHIKANEVERBOT: Nicht alles, was Sie tun dürfen, dürfen Sie auch tun. Und zwar dann, wenn der einzige Zweck darin besteht, jemand anders Schaden zuzufügen. Das nennt sich Schikaneverbot (§ 226 BGB). Was aber ist der »Zweck« einer Handlung?, fragt der Jurist. Wenn Sie an der Grundstücksgrenze einen potthässlichen Bretterzaun errichten, damit Ihr grauenhafter Dauergrillnachbar Tag und Nacht unter diesem Anblick leidet, müssen Sie sich damit herausreden, dass Sie Ihr Grundstück einfrieden wollten und dieser Zaun genau Ihrer exklusiv-individuellen Ästhetik entspricht. Wenn Sie allerdings am Gartenzaun einen Galgen errichten und daran eine Puppe aufhängen, die Ihrem Grillnachbarn zum Verwechseln ähnlich sieht, und die Puppe trägt die Aufschrift »Ich war ein Drecksack« – das ist Schikane. So geschehen im Landkreis Limburg.

SCHIMMELFLECKEN: Kleine Schimmelflecken können Sie mit einem allergikertauglichen Staubsauger einfach wegsaugen.

Anschließend mit hochprozentigem Alkohol desinfizieren. Bei größeren Schimmelflecken sollte die Feuchtigkeit aus der Wand. Bloß wie?

SCHLAFSTÖRUNGEN: Jeder dritte Immobilienkäufer sorgt sich um die Finanzierung und kann deshalb nachts nicht schlafen. Dies ergab eine Umfrage von ImmoScout24 im Juni 2012. Viele leiden auch unter Konzentrationsstörungen, Nervosität, Sparzwang und massiven → Eheproblemen. Sie haben Angst, ihre Raten nicht mehr zahlen zu können – aufgrund von Arbeitslosigkeit (47 Prozent), Inflation und Wirtschaftskrise (40 Prozent), steigenden Zinsen (36 Prozent), Baumängeln (36 Prozent) oder Scheidung (17 Prozent). Manche brauchen übrigens für ihre Schlafstörungen keine Finanzprobleme. Bei ihnen reicht das Formaldehyd in den sehr ansprechenden Pressspanplatten aus den 1970er-Jahren. Siehe → gebrauchtes Haus.

SCHLÜSSELFERTIG: Klingt praktisch, oder? Das Haus wird Ihnen schlüsselfertig übergeben. Sie brauchen also nur noch die Haustür aufzuschließen und hinter sich zuzuschließen. Sie müssen sich um nichts mehr kümmern. Jaaa! Bedeutet aber auch: Sie kriegen nicht mit, dass der Bauträger nur die minderwertigsten Materialien verbaut. Wie zum Beispiel das brandgefährliche Polystyrol für die → Wärmedämmung. Na ja, Sie kriegen es schon mit. Aber erst in dem Moment, wo Sie den zweiten → Fluchtweg bräuchten, weil das Treppenhaus mit giftigem Rauch zugequalmt ist. Der wäre zwar eigentlich vorgeschrieben, aber der Bauträger hat ihn eingespart. War halt günstiger. »Nur der Dumme glaubt seinem Fertighaushersteller.« (Frankreich)

SCHÖN GESCHNITTEN: Flur und fensterloses Bad machen nicht 60 Prozent der Wohnfläche aus. Daher etwas teurer.

SCHROTTIMMOBILIEN: Honeckers Rache. Mehr als 300 000 Deutsche ließen sich von findigen Maklern nach 1990 dazu überreden, für sehr viel Geld wertlose Immobilien in den neuen Bundesländern zu kaufen. Dabei wurden teilweise über 30 Prozent Provision kassiert. Zu den Opfern dieses Massenbetrugs gehörten Jürgen Fliege, Hera Lind, Horst Janson, Franz Beckenbauer und Thomas Gottschalk. Wolfgang Lippert musste 2002 wegen eines Ostberliner Mietshauses Insolvenz anmelden. Merke: Es macht keinen Sinn, sehr viel Geld auszugeben, um etwas Geld zu sparen (in diesem Falle: Steuern). Am meisten spart man immer noch, wenn man nichts ausgibt.

SCHUFA-AUSKUNFT: Die Schufa ist die Schutzgemeinschaft für allgemeine Kreditsicherung. Sie hat Daten über 66,2 Millionen natürliche Personen gesammelt. Banken, Vermieter, Bauträger und andere verlangen von Ihnen eine Schufa-Auskunft, um auszuschließen, dass Sie weder Pleitier noch Mietnomade sind. Kleiner Tipp: Drehen Sie den Spieß einfach mal um! Holen Sie eine Schufa-Auskunft über Ihren Bauträger ein, und zwar bevor Sie beim Notar unterschreiben. Wir persönlich haben uns leider erst erkundigt, nachdem wir unterschrieben hatten. Weil sich auf dem Baugrundstück monatelang nichts getan hatte und der Bauträger auch per Handy nicht mehr erreichbar war (»Die Verbindung bricht ab!«). Die Schufa teilte uns mit, der Mann sei schon seit Jahren nicht mehr kreditwürdig. Und das an uns verkaufte Grundstück hatte ihm gar nicht gehört. Das Geld für den Notar haben wir übrigens nie wiedergesehen.

SELBER BAUEN: Die Alternative zu gebrauchten Häusern und schlüsselfertigen Schrott-Neubauten. Kreativ, günstig, individuell. Und so geht es: Nehmen Sie sich zwei Jahre Urlaub. Gründen Sie eine WG mit dem Architekten. Ziehen Sie per Privatdetektiv Erkundigungen über alle Handwerker und Dienstleister ein, bevor Sie sie beauftragen. Campen Sie auf der Baustelle. Gehen Sie einmal in der Woche zur Einzeltherapie und zweimal in der Woche zur Paartherapie. Nehmen Sie eine Hypothek auf, die dreimal so hoch ist wie die geplanten Baukosten. Und engagieren Sie drei weißrussische Freunde, die die Familie des → Architekten, des → Bauamtsmitarbeiters und des Bauleiters kidnappen. Oder, wissen Sie was? Lassen Sie es. Mieten Sie lieber!

SENIORENIMMOBILIEN:

a) Alle Häuser und Wohnungen in Bad Harzburg, Neumünster, Dahme, Cuxhaven, Poppenbüttel, Rinteln, Nordhessen, Bayrisch-Eisenstein und Rottweil.

b) In 2050 zwei von drei deutschen Wohnungen. Wir brauchen keine Wärmedämmung. Und keine Solardächer. Wir brauchen barrierefreie Treppen, Behindertenaufzüge und 24-Stunden-Notrufsysteme in jedem Zimmer!

SHILLER, ROBERT: Yale-Professor und Immobilienexperte, hat gezeigt, dass die Preise von Häusern sich langfristig genauso entwickeln wie die Baukosten. Hauspreise spiegeln also jenseits der Spekulationsblasen deren *Herstellungskosten* wider. Klingt plausibel, oder? Bedeutet aber, dass es auch in Zukunft nie zu der großen → Wertsteigerung kommen wird, die Makler ihren Hauskäufern gerne versprechen.

SICHTSCHUTZ: Dichte Bepflanzungen an Fenstern und Hauswänden sind sehr schön und ökologisch sinnvoll. Vor allem aber bieten sie optimalen Sichtschutz für Einbrecher. Alle zwei Minuten wird in Deutschland eingebrochen, und zwar meist nicht von skrupellosen Profis, sondern von ängstlichen Gelegenheitstätern. Tun Sie denen etwas Gutes: 1. Sorgen Sie für eine dichte Bepflanzung am Haus, dann können Hasenfüße in Ruhe arbeiten. 2. Lassen Sie Fenster und Terrassentüren gekippt, dann kann man sie mit einem einfachen Schraubenzieher in Sekundenschnelle öffnen. 3. Lassen Sie Gegenstände im Garten liegen, die als Einbruchswerkzeuge dienen können.

Auch Einbrecher sind Menschen, die Ihre Hilfe brauchen. Geben Sie sich einen Ruck!

SICK-BUILDING-SYNDROM: »Sammelbegriff für Krankheitserscheinungen, deren Ursache in Raumausdünstungen liegt. (...) Die Ursachen sind oft schwer festzustellen. (...) In Gebäuden verwendete Baustoffe, aber auch in Möbeln und Teppichen verwendete Chemikalien können zu Kopfschmerz, Müdigkeit, Augenreizung, Schwindel oder Atembeschwerden führen. (...) Das führt in der Regel zu Mietminderungen.« (Erwin Sailer, Henning Grabener: *Immobilien-Fachwissen von A–Z*, S.522) Kurz: Sie fühlen sich müde, haben vielleicht sogar Kopfschmerzen? Das muss an der Wohnung liegen. Mindern Sie sofort die Miete! Soll der Vermieter erst mal das Gegenteil beweisen.

SITTENWIDRIG: Ist der Kaufpreis einer Immobilie erst, wenn er zu 100 Prozent über dem Verkehrswert liegt. Das rettete die Badenia Bausparkasse in den zahlreichen jahrelangen Prozessen über die von ihr finanzierten → Schrottimmobilien.

SONDERABSCHREIBUNG: Das war das größte → Vertriebsargument für → Schrottimmobilien. Ausgaben für vermietete Objekte in den neuen Bundesländern konnte man bis 2002 von der Steuer absetzen.

SONDEREIGENTUM: Eigentlich könnte man meinen, wenn man für eine halbe Million Euro eine 3-Zimmer-Wohnung in Köln-Lindenthal erstanden hat, dass einem die Wohnung auch gehört. Weit gefehlt! Gehören tut einem nur das »Sondereigentum«. Das ist das, was das »Gemeinschaftseigentum« noch übrig lässt. Die Unterscheidung nimmt im *Lexikon Wohnungseigentum* zehn eng bedruckte Seiten in Anspruch. Beispiel Balkon: Balkonkonstruktion, Balkonplatte, Balkongitter, Balkonbrüstung, Balkontür, Balkonfenster, Decken, Isolierschichten, Mörtel, Stützen und Trennmauern gehören? Der → WEG. Ihnen gehören nur der begehbare Belag, der Balkoninnenraum, der Innenanstrich der Balkonbrüstung sowie »innenseitig angebrachte und von außen nicht einsehbare (!) Balkonverkleidungen«. Aber selbst dort gilt: »Die Wohnungseigentümer können auch den Gebrauch der im Sondereigentum stehenden Bereiche regeln und näher ausgestalten.«
Viel Spaß!

SONDERNUTZUNGSRECHT: Was ist eigentlich mit dem Garten von einem Haus mit zwölf Wohnungen? Und was tut der Käufer der Erdgeschosswohnung, wenn dieser Garten allen gehört (→ Gemeinschaftseigentum), der Makler ihm aber ein → Sondernutzungsrecht versprochen hat? Richtig: Er verbringt den Rest seines Lebens mit nicht enden wollenden Rechtsstreitigkeiten.

SONDERUMLAGE: Das, was im Falle eines Schwammbefalls oder sonstiger biblischer Plagen auf Sie zukommt. Für Sonderumlagen gibt es so wenig Obergrenzen wie für Maklerprovisionen. Siehe auch → Wertsteigerung und → Altersvorsorge.

SOUTERRAIN: Wohnung ohne → französische Fenster. Immerhin gibt es Fenster. Durch diese Fenster fällt auch Licht. Nur wirkt es so, als ob die vorbeiziehenden Fußgänger einem permanent auf dem Kopf herumlaufen würden. Feng Shui sagt: Lassen Sie's!

SPARKASSEN: Mittlerweile die größten Immobilienmakler Deutschlands. Das Gesetz verpflichtet Sparkassen zu Gemeinnützigkeit. Was genau ist an 6,25 Prozent Maklerprovision gemeinnützig? Zumal die Sparkasse ja schon am → Hypothekenkredit verdient.

SPITZBODEN:
a) Vollgerümpelter, ungenutzter Raum direkt unterm Dach.
b) WG-Zimmer für Kleinwüchsige.
c) Möglichkeit, zusätzliche Quadratmeter Wohn- oder Nutzfläche vorzutäuschen, um dem ahnungslosen Käufer noch mehr Geld aus der Tasche zu ziehen. Siehe auch → Sylter Maß.

SPITZENPREIS: Immer häufiger sieht man Anzeigen von Maklern, die nicht nach Käufern, sondern nach Verkäufern suchen, ja diese förmlich anbetteln. So inseriert Richard Großmann: »Verkaufen Sie zum Spitzenpreis! Ihr Mehrfamilienhaus in Hamburg und nutzen Sie so die große Nachfrage nach Wohnimmobilien.«

Lieber Richard Großmann: Wenn die Nachfrage so groß ist – wozu braucht man dann noch einen Makler? Und wissen Sie, wodurch man einen Spitzenpreis erzielt? Indem man dem Käufer Ihre Provision erspart. Ein Hoch auf das Internet!

STADTBILD: Vorgeschobener Grund, der bewirkt, dass der passiv-aggressive Mitarbeiter der Baubehörde Ihnen den Bau einer Dachterrasse verbietet: »Das passt nicht ins Stadtbild.« Auf Ihren Hinweis, man könne die Dachterrasse vom Bürgersteig aus gar nicht sehen, erwidert der Mitarbeiter: »Es ist egal, von welchem Punkt der Stadt aus man die Dachterrasse sehen könnte.« Der wahre Grund für das Verbot ist sein Mini-Büro, für dessen Kleinheit er sich am → Bauherrn rächen will. Der aber leider rein gar nichts dafür kann.

STADTHAUS: Haben Sie mal die Kinderbuchreihe *Pettersson und Findus* gelesen? Ein gemütliches altes Haus auf einem riesigen Grundstück mit Ausblick auf die umliegenden Hügel, ein Hühnerstall, eine Werkstatt, eine Wiese, ein Gemüsebeet … Da haben Sie alles, was ein Stadthaus *nicht* hat. Stattdessen: → Vollkeller, → Handtuchgarten, Fußbodenheizung, → französische Fenster und ein herrlicher Ausblick auf die anderen tristen Quader des → Quartiers. Steigerung: → Townhouse.

STAFFELMIETE: Legalisierter Raub. Die Inflation in Deutschland liegt weit unter den Steigerungsraten meines Staffelmietvertrags.

STEUERN SPAREN: In Deutschland eine Mischung aus Sport und Zwangsvorstellung. Führt wie selbige zu Verletzungen und dauerhafter geistiger Verwirrung. Sowie zum unkontrollierten Kauf von Immobilien. Wenn Sie betroffen sind, suchen Sie die AS auf. Die Anonymen Steuersparer. In jahrelanger Selbsthilfe trainieren Sie, nicht bei jedem Stück Kuchen an die mögliche oder zu vermeidende Steuerbelastung zu denken. Leider oft unheilbar.

STOCKHOLM-SYNDROM: Der Entführte stellt sich auf die Seite seines Entführers. Freud spricht auch von der »Identifikation mit dem Angreifer«. Dieser psychologische Mechanismus greift leider auch bei den 30 Millionen Bausparern in Deutschland. Erzählen Sie mal einem Freund, der seit Jahren in einen Bausparvertrag einzahlt, dass sämtliche Verbraucherschützer vor der → Bausparfalle warnen, weil dies die ungünstigste Form ist, eine Immobilie zu finanzieren. Er wird Sie bis an sein Lebensende hassen. Siehe auch → Gebühren.

STOSSLÜFTEN: Hilft wirklich. Gegen Schimmel und Energieverschwendung. Dauerlüften kühlt die Wände aus.

STRESSFREIE IMMOBILIE: So preist Pecunia Kapital Ltd. & Co sein Zwei-Millionen-Objekt an: »Stressfreie Immobilie. Rendite neun Prozent!« Liebe Pecunia Kapital, wenn das Ding locker neun Prozent abwirft – warum um Gottes willen verkauft ihr es dann? Habt ihr euch mal die aktuellen Festgeldzinsen angeguckt? Übrigens: *Limited* ist eine englische Rechtsform. Für den anschließenden Prozess darf der Käufer dann nach London reisen. Völlig stressfrei.

STUDENTENWOHNHEIM: Letzte Möglichkeit für Nicht-Oberschichtkinder, in Düsseldorf, München oder Frankfurt zu studieren. Eigentlich schöne Unis.

STUFEN: Sind laut Gesetz über die allgemeine Barrierefreiheit von Wohnungen in Deutschland ab 2018 generell untersagt.

SYLTER MASS: Auch der Spitzboden unter extremer Dachschräge mit einer Standhöhe von 1,40 m kostet 14 000 Euro pro Quadratmeter.

TAGESORDNUNG: Eine → WEG-Versammlung braucht eine Tagesordnung. Die stellt der → Hausverwalter auf. Gnädigerweise lässt er Ihnen am Schluss den Punkt »Verschiedenes«. Wunderbar, denken Sie, und lassen sich unter diesem Punkt Ihre kleine Vorgartenterrasse von Ihren → Miteigentümern genehmigen. Leider ist dieser Beschluss ungültig. Einfach deshalb, weil es kein offizieller Tagesordnungspunkt war. Ein weiterer Grund für die Kaiser-Nero-ähnliche Stellung des → Hausverwalters.

TEILUNGSVERSTEIGERUNG: Schlimm genug, dass Ihr Partner gestorben ist. Falls er Sie nicht als Alleinerbe der gemeinsamen Wohnung oder des gemeinsamen Hauses eingesetzt hat, erbt Ihr Kind davon die Hälfte. Und kann entweder auf Auszahlung des Anteils bestehen. Oder auf einer Teilungsversteigerung. Sodass Sie nach dem Partner auch noch Ihr Haus oder Ihre Wohnung verlieren. Sehen Sie? Mieten statt kaufen!

TELEFONDOSEN: Wurden bei uns plangemäß in fünf der sechs Zimmer eingebaut. Aber nur eine war mit einem Kabel verbunden. Die andern sahen nur gut aus. Bis zum Schluss fand sich

niemand, der daran etwas ändern wollte oder konnte. Der →
Architekt sah uns bei der Endabnahme treudoof an und meinte,
es sei nicht seine Schuld. In dem Moment wurde mir klar: Für
diesen Blick hatte er zwölf Semester Architektur studiert.

TELEFONWERBUNG: Ist auch für Makler verboten. Aber Profi-
Makler Erwin Sailer weiß guten Rat: »Beim Aufbau einer Kun-
denkartei sollte deshalb stets darauf geachtet werden, dass eine
derartige Klausel (›Ich möchte zukünftig auch telefonisch über
das Immobilienangebot der Maklerfirma informiert werden‹)
in Auftragsformularen etc. enthalten ist.« (*Immobilien-Fachwissen von A–Z*, Seite 550) »Ich möchte« ist schön formuliert –
möchte das irgendjemand???

TEUFELSKREIS: Drei Viertel der Eigentümer von Immobilien
in Deutschland werden von Geldsorgen geplagt. Nicht ganz
abwegig, wenn man weiß, dass inzwischen jeder zweite Bau-
kreditnehmer weniger als 10 000 Euro Eigenkapital hat. Viele
schließen aus der Angst heraus Lebensversicherungen, Unfall-
versicherungen und Berufsunfähigkeitsversicherungen ab, haben dadurch noch weniger Geld, können noch weniger Rücklagen bilden, müssen sich noch mehr Sorgen machen, durch die
sie noch mehr Eheprobleme haben, wodurch sich abermals ihre
Angst erhöht, durch die Scheidung ihre Raten nicht mehr zahlen zu können ... Eigenheim, Glück allein!

TIEFGARAGENSTELLPLATZ: Bevorzugte Location in Psycho-
thrillern. Und effiziente Methode der Geldverbrennung. Wenn
Sie einen Neubau direkt vom Bauträger kaufen, sparen Sie zwar
die Maklerprovision. Dafür werden Sie gezwungen, ein oder

zwei dieser Dauerparkplätze zu kaufen. Für mittlerweile bis zu 40 000 Euro. Schön, wenn der Parkplatz teurer ist als das Auto.

TILGUNG: »Ist doch gar nicht so teuer«, rechnen Makler und Bankberater Ihnen vor. »Bei drei Prozent Zinsen und einem Prozent Tilgung kosten 200 000 Euro Hypothekendarlehen Sie nur 8000 Euro im Jahr – also 666 Euro im Monat!« Stimmt. Aber bei drei Prozent Zinsen und einem Prozent Tilgung brauchen Sie über 46 Jahre (!), bis der Kredit zurückgezahlt ist. Die Tilgung ist viel zu niedrig. Dass wir so etwas nicht begreifen, liegt an unseren Schwierigkeiten mit der → Prozentrechnung.

TOD DES MIETERS: Leider nützt es auch nichts, wenn Sie Ihren unliebsamen Mieter von Ihren ukrainischen Freunden diskret beseitigen lassen. Stirbt der Mieter, erlischt damit keineswegs das Mietverhältnis; vielmehr treten Partner, Kinder, Verwandte oder Freunde, die dort gewohnt haben, *automatisch* in den Mietvertrag ein. Ansonsten die Erben.

TOP-RENDITE: Die Verkaufspreise von Häusern sind 2013 enorm gestiegen (Berlin, Leipzig: 20 Prozent, Köln und Nürnberg: 18 Prozent), die Mieten aber nicht. Das senkt die Nettorendite für Vermieter vielerorts unter zwei Prozent. Wie verlockend klingt da folgende Anzeige aus der *FAZ* vom 5.7.2013: »Rumänien. 8% Rendite. TOP Büro/Gewerbeimmobilien. Ab Euro 15 Mio. Bukarest.« Und dann eine Telefonnummer in Österreich. RUFEN! SIE! DORT! NICHT! AN!

TOWNHOUSE: Erdgeschoss: → Integrierter Wohn-, Koch- und Essbereich. Treppe hoch: zwei kleine Zimmer. Die nächste Treppe hoch: zwei weitere kleine Zimmer. Die dritte Treppe hoch: Dachschrägenzimmer. Im Keller noch ein → Hobbyraum. Macht sieben Zimmer auf fünf Etagen. Welches Kraut rauchen → Architekten, die so etwas planen?

TRANSAKTIONSKOSTEN: Tödliches Trio aus → Courtage, → Notar, → Grunderwerbssteuer: bis 13,65 Prozent des Kaufpreises. Werden von stolzen Eigenheimbesitzern in der Renditeberechnung gerne ebenso verdrängt wie Instandhaltungskosten und Inflation (→ Geldillusion). Guter Rat: Kaufen Sie eine Immobilie nur, wenn Sie mindestens zehn Jahre darin wohnen wollen.

TREUHANDKONTO: Das Geld, das Wohneigentümer für Reparaturen zurücklegen müssen, kommt auf ein Treuhandkonto. Die treue Hand, der sogenannte »Treuhänder«, ist der Hausverwalter. Sie ahnen, wie es weitergeht. Das erfuhren auch die Eigentümer, die sich von der Biberacher Hausverwaltung Haus – Grund – Boden verwalten ließen. Insgesamt über 2000 Wohneigentümer. Sie überwiesen das Geld aufs Treuhandkonto. Nun ist das Treuhandkonto leer. Und wo das Geld ist, können wir den Treuhänder nicht mehr fragen. Er ist tot. Wie sagt man in Spanien? »Dumm ist, wer auf einen Hausverwalter hört.«

TÜRSPRECHANLAGE: Auch: Gegensprechanlage. Funktioniert nie. Ist aber relativ wichtig, um nicht große Teile der Lebenszeit mit Zeugen Jehovas oder Spendensammlern des Deutschen Roten Kreuzes oder des → RDM zu verbringen. Doch selbst der Einbau einer Gegensprechanlage ins → Gemeinschaftseigentum erfordert eine Mehrheit von drei Vierteln der stimmberechtigten Wohnungseigentümer.

UMFASSEND RENOVIERUNGSBEDÜRFTIG: Interessieren Sie sich für Aktive Sterbehilfe? Dann sind Sie hier richtig! Siehe auch Schwammbefall, Hausbock, → Schimmelflecken, → Rohre.

UMZÜGE: Sind sauteuer. Drei Monatsmieten müssen die Deutschen dafür im Schnitt hinlegen. Und was macht es teuer? Die Küche. Die neue Einbauküche. 4800 Euro zahlen wir im Schnitt für sie, wenn wir uns eine neue Wohnung oder ein neues Haus gekauft haben. Ich habe mal nachgerechnet: Die Testsieger in den Kategorien Herd, Kühl-Gefrier-Kombi, Geschirrspülmaschine und Dunstabzugshaube kriegt man locker für insgesamt 2000 Euro. Das heißt, Sie geben 2800 Euro für ein paar dämliche *Schränke* aus. Alles okay bei Ihnen?

URBANE STADTLAGE: Maklerdeutsch. Sinn unklar. Gegensatz zur »ländlichen Stadtlage«?

URLAUB:
1. Was man sich nicht mehr leisten kann, nachdem man den → Hypothekenkredit für das → Townhouse aufgenommen hat.
2. Was wir schon in unserer Kindheit nie machen durften mit der Begründung: »Wir haben gebaut!«
3. Einzige Möglichkeit, die ersehnte Dachterrasse doch noch genehmigt zu bekommen: Den Moment abpassen, wo der neurotische → Bauamtsmitarbeiter im Urlaub ist, um sie von seinem weniger neurotischen Kollegen genehmigen zu lassen. Immerhin: Der Trick funktioniert.

VERKAUFT! Schwarz-weißer Aufkleber auf Immobilienangeboten im Schaufenster eines Maklers. Nur, wenn die → Schrottimmobilie tatsächlich verkauft ist – warum hängt dann das Angebot noch da?

VERMIETEN: Bevor Sie sich von Ihrem Finanzberater dazu überreden lassen, in vermietete Wohnungen zu investieren (»Kapitalanleger aufgepasst!« – »Traumrendite!«), lassen Sie folgende Zahlen auf sich wirken: 75 Prozent der deutschen Vermieter hatten schon Probleme mit ihren Mietern. Jeder Dritte erhielt die Miete verspätet oder gar nicht. Bei 15 Prozent wurde die Wohnung beschädigt oder verwüstet. Bei weiteren 15 Prozent fielen die Mieter durch ständige Lärmbelästigung auf. 30 Prozent der Vermieter mussten ihre Wohnungen deshalb bereits zwangsräumen lassen. Und das schlechte Gewissen kriegen Sie noch gratis dazu. Dann lieber Festgeld für ein Prozent. Da verdient wenigstens die → Bank.

VERMITTLUNG OHNE AUFTRAG: Ist in Deutschland gesetzlich nicht verboten. Ein Makler kann also einfach Ihre Immobilie an einen Käufer vermitteln – und dann von Ihnen drei Prozent Verkäuferprovision verlangen. Plus Umsatzsteuer. Um das auszuschließen, müssen Sie vorher dem Makler ausdrücklich untersagen, Ihre Wohnung anzubieten. Siehe auch → von/an privat.

VERMÖGENSSCHADENSHAFTPFLICHTVERSICHERUNG: Wer das Wort fehlerfrei aussprechen kann, muss zehn Jahre in den → Verwaltungsbeirat. Leider wird er sich dort nicht trauen, den → Hausverwalter danach zu fragen, ob er eine Vermögensschadenshaftpflichtversicherung abgeschlossen hat. Und in welcher Höhe. Denn wenn ein Hausverwalter unnötige Reparaturen in Auftrag gibt oder überteuerte Handwerkerrechnungen akzeptiert, kommen schnell 100 000 Euro zusammen. Wissen Sie, was der Immobilienverband Deutschlands rät?

1. Nehmen Sie nur einen Hausverwalter, der eine Vermögensschadenshaftpflichtversicherung von 100 000 Euro für zwei Fälle pro Jahr abgeschlossen hat.
2. Kaufen Sie eine Eigentumswohnung nur dann, wenn der Verwalter des Objekts über ebendiese Versicherung verfügt. Und? Hält sich irgendjemand daran? Nein! Wir verbringen unsere Zeit lieber damit, die Supermarktquittung darauf zu überprüfen, ob für die Gurken 50 Cent zu viel berechnet wurden.

VERTRIEBSARGUMENT: Obwohl → Offene Immobilienfonds sich als sichere Mittel zur Geldvernichtung erwiesen haben – ähnlich wie Film- und Werftenfonds –, wurden sie 2013 wieder äußerst erfolgreich an den deutschen Kunden gebracht (amerikanischer Fachausdruck: *stupid German money*). Allein Union Investment sammelte von Januar bis Mai 2013 über 1 Milliarde Euro für ihre Offenen Immobilienfonds ein. Mit dem *Vertriebsargument*, dass ab dem 22.7.2013 der Freibetrag von 30 000 Euro entfallen ist, in deren Wert man pro Halbjahr seine Fondsanteile wieder verkaufen kann. Menschen erwerben also massenweise eine bereits gescheiterte Anlageklasse, weil sie sich in Zukunft noch einmal verschlechtert. Wie sagte Albert Einstein: »Zwei Dinge sind unendlich. Das Universum. Und die menschliche Dummheit. Aber beim Universum bin ich mir nicht so sicher.«

VERWALTUNGSBEIRAT: Siebte und unterste Hölle. Unbezahlter Job, der Sie in ständigen Kontakt mit dem korrupten → Hausverwalter und den nörgelnden → Miteigentümern bringt und zwischen beiden zerreibt. Tun Sie's nicht!

VERWIRKLICHEN: Häufig benutztes Verb in Makleranzeigen. Zum Beispiel:»Verwirklichen Sie sich in den gut geschnittenen Räumen.« Logisch: In schlecht geschnittenen Räumen kann man sich einfach nicht verwirklichen. Ein Glück, dass es das »Bauprojekt Zylinderterrassen« gibt.

VOLLFINANZIERUNG: Eine Bank oder ein anderer »Baufinanzierer« vergibt ein Baudarlehen an jemanden, der nicht mal das Geld hat, Notar, Makler und Grunderwerbssteuer aus eigener Tasche zu bezahlen. Was soll dann bitte schön passieren, wenn erste → Reparaturen fällig werden? Oder die Zinsen steigen?

Genau so entstand die → Blase am amerikanischen Immobilienmarkt. Siehe auch → Scheidung und → Zwangsversteigerung.

VOLLKELLER: Wesentlicher Grund, warum der Deutsche lieber Häuser an hässlichen Ausfallstraßen und in öden → Vororten kauft als schmucke Eigentumswohnungen in lebendigen Innenstadtvierteln: »Guck mal! Voll ausgebauter Keller!« In der Praxis vollgestellt mit Dingen, die man einfach nur vergessen hat, wegzuwerfen. Liebe Vollkellerbesitzer und voll Unterkellerte, fahrt doch einfach einmal zum Recyclinghof. Und zieht dann in die Stadt zurück.

VOLLNEUROTIKER: Immer ausgerechnet der Typ, der neben oder über Ihnen einzieht, wenn Sie gerade das Haus oder die Wohnung gekauft haben. Es gibt ihn in zwei Varianten: Entweder er übt jeden Tag zwei Stunden Geige oder Schlagzeug (ist legal), guckt abends Pornos in Maximallautstärke und läuft nachts wegen Schlaflosigkeit stundenlang über Ihnen auf und ab (ist unzulässig, aber das vor Gericht durchzukriegen dauert Jahre). Oder er ist allergisch gegen jede Form der Lärm- und Geruchsbelästigung, will Ihren Kindern das Herumtollen im Garten und das Fußballspielen auf der Straße verbieten, holt bei jeder Party die Polizei und beharrt auf den höchstrichterlichen → Grillrichtlinien. Und wenn Sie das feststellen, haben Sie die 30 000 Euro für → Makler, → Notar und → Grunderwerbssteuer bereits überwiesen. Übrigens: Der schlimmste Nachbar, den ich je hatte, war Seelsorger bei der Bundeswehr.

VOLLVERBLENDUNG: Zustand der meisten Immobilienkäufer. In Immobilienanzeigen: »Individuelle, mit Vollverblendung gestaltete Wohneinheiten machen die neuen, modernen Stadthäuser zu einer ganz besonderen Wohnoase.«

VON/AN PRIVAT: Zusatz in Immobilien-Verkaufsanzeigen, der unzweideutig darauf hinweist, dass man *nichts* mit Maklern zu tun haben will, dass man seine Eigentumswohnung *ohne* Hinzuziehung raffgieriger Mittelsmänner *direkt* an eine andere Privatperson verkaufen will. Raten Sie mal, wer auf solche Anzeigen umgehend anruft und den ganzen Tag die Telefonleitung blockiert? → Makler.

VORFÄLLIGKEITSENTSCHÄDIGUNG: Ein weiterer Grund, warum Mieten besser ist als Kaufen. Und der geht so: Wenn sie einem Geld leihen, tun Banken gerne so, als würden sie einem damit einen Riesengefallen erweisen. Und man denkt: Die freuen sich bestimmt, wenn sie es früher zurückbekommen.

Weit gefehlt! Wer seinen Kredit vorzeitig zurückzahlt (etwa weil er seine alte Wohnung verkauft), muss der Bank dafür eine *Entschädigung* zahlen, die sogenannte *Vorfälligkeitsentschädigung*. Obwohl die Bank das Geld schließlich sofort wieder verleihen kann, verlangt sie sämtliche Zinsen, die man gezahlt hätte, wenn man das Geld nicht vorzeitig zurückgezahlt hätte. Die Bank verdient also doppelt: an der Vorfälligkeitsentschädigung des alten Kreditnehmers und an den Zinsen, die der neue Kreditnehmer zahlt. Übrigens: In den USA ist diese Geschäftspraxis verboten.

VORORT: Vereint ungünstigerweise alle Nachteile des Stadtlebens (zersiedelt, hässliche breite Straßen, Verkehrslärm) mit allen Nachteilen des Landlebens (keine schönen Geschäfte, Restaurants, Cafés oder Kinos). Einziges Argument:»Von hier sind wir in 20 Minuten im Zentrum!« Das denken sich aber auch die 1000 anderen Vorortimmobilienbesitzer. Und versuchen alle gleichzeitig, mit ihren Familien-Vans auf der einzigen Ausfallstraße »in 20 Minuten« ins Zentrum zu kommen. Das Ergebnis hört man täglich in den Verkehrsnachrichten. Übrigens: Wenn man schon im Zentrum wohnt, ist man schon im Zentrum! Und kann sich den überteuerten Van sparen.

WÄRMEDÄMMUNG: Wichtig für die Umwelt. Und deswegen gesetzlich vorgeschrieben. Kleines Manko: Die meisten Neubauten erreichen das durch eine Schale aus Polystyrol. Und dieses Material fängt schnell Feuer, schwelt großflächig, schmilzt und tropft von der Fassade und setzt giftige Dämpfe frei. Dann qualmen die Treppenhäuser zu, die Feuerwehr kann nicht löschen und die Bewohner können das Haus nicht verlassen. Alles nicht so schlimm – Hauptsache, das Haus war optimal wärmegedämmt! Übrigens: Mineralwolle wäre sicherer, allerdings auch teurer als Polystyrol. Weswegen Fertighausanbieter nach langer Abwägung doch lieber Polystyrol anbieten. »Wir Bauherrenberater sind immer wieder überrascht, wie wenig viele über Wandaufbauten, Baustoffe oder Fluchtwege wissen«, lässt der Verband Privater Bauherren wissen (*Hamburger Abendblatt*, 28.1.2012). Überraschung! Der Bauherr baut zum ersten Mal. Der Fertighausanbieter macht das schon seit 30 Jahren. Also merken Sie sich: POLYSTYROL – NICHT SO TOLL!

WEG: Wohnungs-Eigentümer-Gemeinschaft. Ein Haufen neurotischer Zeitgenossen, die in basisdemokratischer Abstimmung auf der → Eigentümerversammlung darüber entscheiden, was mit dem → Gemeinschaftseigentum passiert. Wenn etwa Ihre Eigentümergemeinschaft mit knapper Mehrheit der Ansicht ist, Ihre Fassade müsse dunkelgrau angemalt werden – ungefähr im Farbton des Holocaustmahnmals –, können Sie genau was dagegen unternehmen? Nichts. Nada. Nothing. Im Gegenteil: Sie müssen die Beleidigung fürs Auge sogar noch selbst bezahlen. So schön kann Demokratie sein. Wie schrieb bereits Dante Alighieri? »Lasst alle Hoffnung fahren, ihr, die ihr in eine Wohnungseigentümergemeinschaft eintretet.«

WERTSTEIGERUNG: Die reale, also inflationsbereinigte Wertsteigerung von Immobilien in Deutschland von 1970 bis 2009 betrug genau null (in Ziffern: 0).

WG-ZIMMER: Die günstige Alternative zur Miet- oder Eigentumswohnung. Äh – günstig? In Stuttgart wurden laut Immo-

Scout24 Anfang 2013 für ein WG-Zimmer durchschnittlich 391 Euro gezahlt, in Frankfurt 421, in München 493. Für *ein* Zimmer! Die Hypothekenzinsen sind währenddessen auf unter zwei Prozent gefallen. Bei zwei Prozent Zinsen und einem Prozent Tilgung könnte man statt des WG-Zimmers in München einen Baukredit über fast 200 000 Euro aufnehmen. Irgendetwas läuft da schief. Aber wir wollen nicht meckern. Wie heißt es in Ungarn? »Hohe Eichen und niedrige Zinsen sind gut.«

WHITE BAY: Villenprojekt im Scheichtum Umm al-Quwain, das der Lizenznehmer von Engel & Völkers in Dubai als eine sichere Kapitalanlage mit hohem Wiederverkaufswert anpries. Unternehmer Michael Braun kaufte daraufhin für 980 000 Euro ein Haus auf der künstlichen Insel und zahlte 470 000 Euro an. »Als nach der zweiten Ratenzahlung immer noch kein Baufortschritt erkennbar war, wollte ich vom Engel & Völkers-Vertreter in Dubai Informationen über die Baufirma. Dort hieß es, ich müsse weitere Raten zahlen, weil ich sonst alles verlieren würde.« (*bild.de*, 18.5.2011) White Bay wurde nicht fertiggestellt. Das Geld ist weg. Dazu Engel & Völkers: »Es ist sehr bedauerlich, dass die Investition des Kapitalanlegers fehlgeschlagen ist.« (Gomopa-Pressemitteilung: »Der Dubai-Skandal«, 10.6.2011) Das Bedauern währte nur kurz. Engel & Völkers ließ Michael Braun erfolgreich untersagen, sich weiterhin öffentlich über seinen Makler zu beklagen. Wie sagt man in Malaysia? »Die schlimmsten Makler haben die schlauesten Rechtsanwälte.« Siehe → Altersvorsorge, → Bauruine, → Wertsteigerung.

WOHNEIGENTUM: Schon das römische Recht unterschied zwischen Besitz und Eigentum. Der überschuldete Besitzer redet sich seine finanzielle Belastung damit schön, er habe Wohn-eigentum erworben. Der Eigentümer seiner Immobilie ist aber in Wahrheit die Bank. Was das bedeutet, begreift er erst nach der → Zwangsversteigerung.

WOHNEN: Wird vielleicht generell überschätzt. Was ist mit Schwimmen? Laufen? Essen gehen? Reisen? In Cafés sitzen? Im Park chillen? Und vor allem: Freunde besuchen! Die brauchen schließlich alle jemanden, dem sie ihre minderwertige → Immobilie vorführen können! Sie haben vielleicht davon gehört: Im Englischen existiert das Wort nicht einmal. Sooo wichtig kann es demnach nicht sein.

WOHNENSEMBLE: Früher: Siedlung. Im Wohnensemble finden sich »Wohnsituationen« mit »wertvollem Wohngefühl«, die zusammen eine »Wohnoase« bilden. Siehe → Parkterrassen.

WOHN-RIESTER: Das ist nun wirklich kompliziert zu erklären. Das Entscheidende: Bau-Riester ist viel besser als sein Ruf. In vielen Fällen sogar die mit Abstand günstigste Form, seine Immobilie zu finanzieren. Jedenfalls hundert Mal besser, als in die → Bausparfalle zu tappen. Fragen Sie Ihre Verbraucherzentrale! Oder lesen Sie es nach im *Lexikon der Finanzirrtümer*.

WOHNUNGSNOT: Die berüchtigte Wohnungsnot in der Freien und Hansestadt Hamburg besteht darin, dass bei jeder Wohnungsbesichtigung über 200 Leute stoisch die Fragebogen der Makler ausfüllen. Während in derselben Stadt über 1 Million Quadratmeter Büroraum leerstehen. Über 1 Million! Seit 2005. Wahnsinn. Bürobesetzer – wo seid ihr?

WOHNWAGEN: Beweis, dass man weder 160 Quadratmeter noch Vollkeller benötigt, um glücklich zu sein. Sechs Quadratmeter, ein Stück Rasen, ein Grill und ein paar Freunde. Reicht vollkommen!

ZELTEN: Sie haben den Bauträger erschossen, den Architekten erdrosselt, den Fertighaushersteller ertränkt, den Hausverwalter mitsamt allen Miteigentümern erdolcht und den Vermieter eigenhändig erwürgt? Dann bleibt Ihnen als letzte Option das Leben im Zelt oder → Wohnwagen. Dauercamper sind unserer Erfahrung nach sehr relaxed. Sie leiden weder unter pfuschenden Handwerkern noch unter gierigen Gerüstbauern oder kriminellen Notaren. Sie leben an der frischen Luft und grillen von Februar bis November durch. Neumodische Dinge wie Tiefgaragenstellplätze oder Geld benötigen sie nicht. Schon Jesus lobte die Dauercamper: »Sie säen nicht, sie ernten nicht, und der himmlische Vater ernähret sie doch.«

ZINSESZINS: Ein Grund dafür, dass Sie drastisch mehr Vermögen bilden, wenn Sie Ihr Geld in Aktien, Festgeld oder Staatsanleihen anlegen und Miete zahlen, als wenn Sie all Ihr Geld in den Kauf eines Hauses oder einer Wohnung stecken. Siehe auch → Prozentrechnung und → Geldillusion.

ZUKUNFTSWETTE: Jeder Immobilienkauf ist eine Zukunftswette. Eine Wette darauf, dass Sie in 10, 20 oder 30 Jahren immer noch für diese Firma arbeiten, in dieser Stadt leben und mit diesem Partner zusammen sein wollen. Sowie eine Wette darauf, dass Ihre Firma und Ihr Partner Sie in zehn Jahren auch noch wollen. Wir glauben immer, dass alles bleibt, wie es ist.

Man könnte es auch »Zukunftsillusion« nennen. Ein grundlegender Mangel an Fantasie. Vielleicht machen Sie mal die Übung und erinnern sich, wo Sie vor 10 oder 20 Jahren standen, und ob Sie damals geahnt haben, wo Sie heute stehen würden.

ZWANGSVERSTEIGERUNG:

a) Für Sie: Worst Case. Aber wirklich. Denn danach sind Sie Ihr Haus los – aber keinesfalls Ihre Schulden. Schließlich wurde das Haus weit unter Wert verkauft (siehe auch: Günter Mayer: *Immobilien günstig ersteigern: Zwangsversteigerung. So bereiten Sie sich optimal vor*). Und der Erlös deckt meistens nicht die überaus hohen Restschulden (siehe auch → Hypothekenkredit). So massenhaft geschehen nach dem Platzen der Immobilienblase in den USA und Spanien.

b) Für die Banken: ein Grund zum Feiern! Sie kaufen die Häuser durch Strohmänner billig auf, verkaufen sie über ihre Immobilientochter an den nächsten arglosen Kunden weiter und kassieren dafür Maklercourtage und Zinsen. Irgendwo müssen diese ganzen Boni ja herkommen!

II.

Eine Welt der Superlative

Wie der Schlamm das Wasser trübt,
so ruiniert die Immobilie dein Vermögen.

(China)

Willkommen in der Welt des Wahnsinns. Ein Hochhaus für
30 000 Euro. Und eine Bauernkate für zwei Millionen. Pferde-
gestüt im Obergeschoss und Golfplatz im Kinderzimmer. Im
Immobilien-Universum ist alles möglich.

Und weil wir nur noch in Rankings und Superlativen denken, habe ich mir die Mühe gemacht, die wichtigsten Short-
und Longlists zur wunderbaren Welt der Immobilien anzufer-
tigen.

Der *Focus* hat gerade die 1000 besten Makler Deutschlands
gekürt. Was soll das bringen? Was wir brauchen, ist der Mak-
ler-Grammy, der Exposé-Oscar, der Immobilien-César und der
Betrugs-Bär. Mit riesiger Event-Celebration in der teuersten
Bauruine der Republik, der Hamburger Elbphilharmonie. Oder
noch besser: im Hauptstadtflughafen Berlin-Brandenburg. Und
Party-Löwe Christian »Crille« Völkers ist Gastgeber. Und Christian Wulff bekommt den Ehrenpreis für die beste Baufinanzierung.

Vergessen Sie *Star Trek* und *Star Wars*, *Dune* und *World
War Z*. Das hier ist wahre Science-Fiction. Und noch nicht mal
Fiction – das ist die Wahrheit!

A) DIE SIEBEN SYMPATHISCHSTEN MAKLER

Wer einen Makler wegen seines Geldes heiratet,
wird das Geld verlieren und den Makler behalten.

(Niederlande)

Dass Makler verschlagene Raffgeier seien, charakterliches Lumpenproletariat, ist ein albernes und längst widerlegtes Vorurteil. Die Psychologie des Maklers ist weitaus komplexer. Und wie Leuchttürme ragen jene Großmakler hervor, die nicht nur durch ihren Erfolg, sondern auch durch persönliche Integrität und barmherzigen Altruismus glänzen. Dass die deutsche Justiz aus kleingeistiger Missgunst gerade diese weitsichtigen Verantwortungsträger vor Gericht zerrt, bestätigt wieder einmal die traurige Wahrheit: Der Gartenzwerg-Deutsche duldet einfach keine wahre Führungspersönlichkeit neben sich. Hier eine kleine Auswahl der sympathischsten Vertreter dieser gemobbten Zunft.

1. Christian »Crille« Völkers: Der Sunnyboy

Er spielt Polo, hatte angeblich ein Verhältnis mit Claudia Schiffer und lässt sich gerne mit Playboy-Grinsen im legeren weißen Hemd ablichten: Christian Völkers, Chef des größten deutschen Immobilienunternehmens Engel & Völkers. Die Zahlen dazu hat er jederzeit parat: 3600 Mitarbeiter in 38 Ländern verkaufen Immobilien im Wert von fünf Milliarden Euro im Jahr. Neuerdings bietet das Unternehmen auch Jachten feil und legt Fonds auf.

Völkers kennt das Luxussegment, das er bedient. Er wuchs in den Hamburger Elbvororten auf, wo heute Quadratmeterpreise von bis zu 16 000 Euro gezahlt werden, studierte BWL und gründete mit Dirk Engel 1977 Engel & Cie, das er nach dessen Selbstmord 1986 in Engel & Völkers umbenannte und von einer kleinen Klitsche zum deutschen Marktführer ausbaute.

Völkers ist gesellig und medienaffin. Er bewohnt ein vier Hektar großes Anwesen auf Mallorca mit Butler, Pool, Park, Weinstöcken, Winzer, Pferdekoppel, eigenem Poloplatz und hauseigener Kapelle. Dorthin lädt er Promis zu Poloturnieren ein und gibt der *WELT* und dem *Focus* Interviews, in denen er sich als »Womanizer« oder »Jetsetter« bezeichnen lässt.

Was in diesen Interviews nicht zur Sprache kommt, ist Völkers' Vorstrafe. Im Jahr 2000 kaufte der »glanzvollste deutsche Makler« (*Focus*) die Blumenauer-Holding in Frankfurt. »Zwei Jahre später war das Unternehmen pleite, weil Völkers und zwei Kollegen Blumenauer über zwei Millionen Euro entzogen haben« (*Bild*, 22.4.2008). 2003 kam es zur Hausdurchsuchung und 2005 zur Anklage. 2008 gestand Völkers und wurde vom Landgericht Frankfurt zu 380 000 Euro Geldstrafe wegen Beihilfe zur Untreue verurteilt. Außerdem verpflichtete er sich in einem Vergleich zu Schadensersatz in Höhe von einer Million Euro.

Alles kein Thema mehr. Dass Makler nicht wegen Vermögensdelikten verurteilt werden dürfen: Who cares? »Ich kümmere mich heute vorwiegend um die Markenpositionierung.« Herr Völkers lässt makeln: Seit 1998 ist Engel & Völkers ein Franchise-Unternehmen wie NurHier oder McDonald's. Die AG vergibt Lizenzen für standardisiert gestaltete »Immobilienshops«. Der Shop-Betreiber muss zehn Prozent seines Umsatzes an die AG abführen,«»dann zahlt er noch für IT-System, Weiterbildung und Magazin«. Völkers ist Makler-Makler.

Die Interviews mit ihm laufen stets ähnlich ab. Völkers zählt auf, welche Luxusimmobilien er gerade wieder verkauft hat: »Eine Ferienvilla auf Sylt für 13 Millionen Euro. Ein tolles Haus, herrlicher Blick!« (*Euro am Sonntag*, 19.8.2011) Er beeindruckt den Reporter mit aktuellen Fantasiepreisen: »In Monte Carlo in Monaco sind dieses Jahr schon 148 000 Euro pro Quadratmeter erzielt worden, in der Romazzino-Bucht auf Sardinien 100 000 Euro und in London-Knightsbridge 76 000 Euro pro Quadratmeter.« (ebd.) Sodass man denkt: Knightsbridge? Romazzino? Der Mann kennt sich aus. Und die höchsten deutschen Preise – 40 000 Euro für den Quadratmeter auf Kampen/Sylt – erscheinen einem regelrecht provinziell.

Dann jammert Völkers ein bisschen, damit bloß niemand denkt, das wäre leicht verdientes Geld: »Die Finanzkrise hat auch uns erheblich getroffen. (…) Der Erwerb eines Zweitwohnsitzes ist ein reiner Lustkauf. Da spielen das Wetter, die Stimmung und die Meinung der Ehefrau eine große Rolle – alles fragile, emotionale Gründe. Wenn die Weltwirtschaft ins Wanken gerät, werden Luxusvillen eher zögerlich gekauft.« (*Welt online*, 3.5.2012) Ein hartes Schicksal. Zum Glück gibt es aber eine neue Käuferschicht: »In China entwickelt sich gerade eine Neureichenkultur. Da wird beim Geschäftsessen auf dem iPad gezeigt, was man so besitzt auf der Welt.« (*Euro am Sonntag*, 19.8.2011) Mit den neureichen Chinesen, Indern oder Russen fliegen die Völkers-Makler dann eine Woche durch Europa: Mallorca, Sardinien, Côte d'Azur. Völkers selbst besitzt übrigens nur ein Haus in Hamburg und das Anwesen auf Mallorca: »Ich glaube, dass ein Haus mit Leben erfüllt sein muss. Dafür muss man vor Ort sein. Zum Glück sehen das viele unserer Kunden anders.« (ebd.)

Irgendwann kommt Völkers auf seine große Passion zu sprechen: das Polospielen. »Meine Pferde reisen häufig zwischen Mallorca und Hamburg hin und her. Das Betreiben eines Polostalls ist sehr aufwendig.« (*Welt online*, 3. 5. 2012) Und auch gefährlich: »Ich habe mir mal das Schulterblatt gebrochen und einen Muskelriss zugezogen.« (ebd.) Wow.

Völlig ungefährlich ist dagegen das Kaufen überteuerter Immobilien: »Unsere Kunden haben erkannt, dass ein Anwesen an der Côte d'Azur, auf Sardinien und auf Florida wertbeständiger ist als manches Versprechen der modernen Finanzindustrie.« (ebd.) Ausgerechnet Florida! (Siehe: → Blase) Der *Focus*-Reporter wird an diesem Punkt des Gesprächs ganz mutig. Er hakt nach: »Ganz so rosig ist die Lage nicht. In etlichen Vororten großer Städte wie Bremen oder Essen fallen die Preise seit Jahren.« (*Focus Magazin*, 34-2010) Aber Völkers beruhigt den Reporter und die Leser: »Solche Immobilien haben wir eigentlich nicht im Angebot. Wir versuchen, an jedem Standort als teurer Jakob aufzutreten. Nur so kommt man an die besten Immobilien.« (ebd.) Dass Engel & Völkers-Kunden auch schon mal 470 000 Euro durch einen Immobilienschwindel verlieren, erfährt der *Focus*-Leser an dieser Stelle nicht (siehe → White Bay).

Stattdessen gibt er noch Ratschläge für angehende Womanizer: »Ich glaube an das Motto: Work hard and play hard. Das, was ich mache, liebe ich, extrem zu machen. Natürlich habe ich ein Privatleben, und da habe ich viel Freude und Spaß.« (ebd.) Zu diesem Zeitpunkt war Völkers verheiratet und hatte zwei kleine Kinder. Was genau meinte er bloß mit »Play hard«?

2. Kai-Uwe Klug: Der Hip-Hopper

Dieser Mann ist ein Phänomen: der Bushido unter den Maklern. Mit einem sichtbaren IQ von schätzungsweise 65 ließ er sich mit dicker Sonnenbrille, Baseballkäppi und Tattoos vor seinem Bentley oder Lamborghini filmen, hielt den Mittelfinger in die Kamera und sagte Sätze wie: »Wir bilden unsere eigenen Kämpfer aus, damit wir Berlin erobern. Wir werden euch alle abschlachten!« (*Spiegel TV*, 10.8.2009)

Klugs Besonderheit: Während alle anderen Makler versuchen, ihrem grundwindigen Beruf durch seriöses Gehabe eine gewisse Reputation zu verleihen, inszenierte er sich konsequent als Abzocker und Großkrimineller. Noch vor Gericht höhnte er, Geld verdienen sei in Deutschland ja wohl nicht strafbar.

Mehrfach berichtete *Spiegel TV* über den Chef der Firma mit dem merkwürdigen Namen KK Royal Basement. Königlicher Keller? Da hätten die Kunden schon mal misstrauisch werden können. Wurden sie aber nicht. Denn sein Betrugssystem war ausgeklügelt.

Es begann mit Cold Calls, Anrufen bei Wildfremden. Klugs Schergen stellten sich wahlweise als Mitarbeiter des Finanzministeriums, des Bundes der Steuerzahler oder des Wirtschaftsinstituts für Statistiken vor. »Die Leute glauben einem das und erzählen einem halt dann daraufhin alles, was man wissen will – meistens«, so ein Zeuge (*Spiegel TV*, 10.8.2009). Dann wurde den Angerufenen ein »Steuersparmodell« offeriert, das Wort »Immobilie« aber nicht erwähnt. Als Nächstes wurden die Opfer zu Hause besucht. Die Besucher benutzten oft falsche Namen und Doktortitel, bezeichneten sich als »Experten im Finanzwesen« und rechneten den Opfern vor, für eine monatliche

Rate von 30 bis 50 Euro könnten sie 1000 Euro Steuern im Jahr sparen. Dann wurden sie direkt mit Luxuslimousinen zu einem Notar gefahren, wo sie zum ersten Mal davon hörten, dass es um Wohnungen ginge. Angeblich sollten sie nur ein »unverbindliches Angebot« erhalten. In Wirklichkeit unterschrieben sie ein verbindliches Kaufangebot, das der Verkäufer nur noch annehmen musste. Arglose Opfer wie der Schlosser Kurt J. müssen nun bis zum Jahre 2040 750 Euro im Monat für ihren Kredit zahlen, um am Ende eine miserable Immobilie zu besitzen. »Also die Telefongespräche waren sehr unehrlich gewesen. Es wurde komplett nur gelogen. Also, da wurde überhaupt nicht die Wahrheit gesagt«, so der Zeuge. (*Spiegel TV*, 10.8.2009)

Klug hatte die Wohnungen bei Zwangsversteigerungen billig erworben, verscherbelte sie für das Dreifache weiter und kassierte dafür Provisionen zwischen 27 und 35 Prozent des Kaufpreises. Dabei belog er auch die Banken, denen er gefälschte Gehaltsbescheinigungen unterjubelte.

2011 kam Klug in Untersuchungshaft, 2012 stand er mit seinen Freunden vor Gericht: wegen bandenmäßigen Betrugs, Urkundenfälschung, Erpressung, Beleidigung und Bedrohung in mehr als 50 Fällen. Nicht zahlungswilligen Kunden – aber auch einer Behördenmitarbeiterin – drohte KK nämlich gerne mal damit, ihnen die Beine zu brechen.

Es war ein Mammutprozess. Die Anklageschrift umfasste 187 Seiten, man brauchte 99 Verhandlungstage. Klug verweigerte lange jede Aussage. Immerhin gestand er: »Auf seriöse Weise war kein Geschäft zu machen.« (*Der Tagesspiegel*, 14.6.2012) Am Ende wurde er zu fünf Jahren Haft verurteilt, sieben Kompagnons zu bis zu 3,5 Jahren, nur seine Sekretärin kam mit einer Bewährungsstrafe davon.

Richter Andreas Mosebach machte in seiner Urteilsbegründung klar, durch wen Klug und seine Bande so weit hatten kommen können: Die beteiligten Notare »waren entweder bereit, ihre Pflichten großzügig zu vergessen, oder sogar willig, mit den Angeklagten gemeinsame Sache zu machen«. Sie verlangten von den überrumpelten Opfern sogar noch »Unzeitgebühr«.

Die Banken hätten »grotesk kalkuliert« und die Einkommen und Sicherheiten der Kreditnehmer völlig unzulänglich berücksichtigt. (*Berliner Morgenpost*, 13.6.2012)

Aber auch die Justiz hat sich im Fall Klug nicht gerade mit Ruhm bekleckert. Obwohl *Spiegel TV* schon im Juni 2009 ausführlich über sein kriminelles Treiben berichtet hatte, ließ sie ihn noch über ein Jahr unbehelligt weitermachen, sodass er eine Reihe weiterer unbescholtener Kleinverdiener um ihr Lebensvermögen bringen konnte. Wie er es versprochen hatte: »Wir werden euch alle abschlachten!«

3. Georg Funke: Der Verfolgte

Er sieht aus wie ein Staubsaugervertreter. Immobilien sind sein Leben. Nach seinem Studium der Wohnungswirtschaft arbeitete der Mann aus Gelsenkirchen für die Westdeutsche Wohnhäuser AG, ging später zur Bayrischen Hypothekenbank und lebt und arbeitet heute auf Mallorca, wo er mit A1-Immobilien Villen vermakelt: »Moderne Designervilla in erster Meerlinie, Sol de Mallorca, 840 qm Grundstück, 320 qm Wohnfläche, 3,95 Millionen Euro.« Er selbst besitzt dort ebenfalls mehrere Villen. Was er auf seiner Homepage nicht erwähnt: wo er das Geld für diese Luxusimmobilien herhat. Was er den deutschen Staat schon gekostet hat. Und noch kosten wird.

Von 2003 bis 2008 war Georg Funke Chef der → Hypo Real Estate. Allein 2006 verdiente er dort über drei Millionen Euro. 2008 allerdings stand die Hypo Real Estate vor dem Nichts und musste vom Staat mit 100 Milliarden Euro gestützt und gerettet werden. Eine Insolvenz wie bei Lehman Brothers wollten Steinbrück und Merkel nicht riskieren. Funke kündigte auf politischen Druck, klagte aber vor dem Arbeitsgericht auf Nachzahlung von 3,5 Millionen Euro Gehalt, denn eigentlich wäre Funke bis 2013 Chef der Bank gewesen, die er leider vorher komplett gegen die Wand gefahren hatte.

Und das kam so: 2007 hatte Funke die grandiose Idee, für 5,7 Milliarden Euro die irische Depfa-Bank zu kaufen. Deren Geschäftsmodell war simpel: Sie vergab langfristige Kredite zu hohen Zinsen, die sie dann über billigere, kurzfristige Kredite refinanzierte. Im Dezember 2007 waren es 217 Milliarden Euro, von denen 63 Prozent kurzfristig (Laufzeit: drei Monate!) refinanziert wurden. Dann kam die Finanzkrise. Kurzfristig gab's kein Geld mehr. Die Depfa war praktisch schon zahlungsunfähig. Funke kaufte sie trotzdem – gegen den Rat aller Experten und ohne auch nur annähernd genügend Informationen eingeholt zu haben. Erst verlor seine Hypo Real Estate dramatisch an Börsenwert, dann war auch sie praktisch insolvent. Und kostet den Steuerzahler seitdem Milliarden.

Wer alle schmutzigen Details wissen will: Der Grimme-Preisträger Hubert Seipel reiste mit einem TV-Team nach Irland, sprach mit allen Beteiligten und drehte über Funke für die ARD die Doku *Gier und Größenwahn*.

Funke selbst sieht das alles ganz anders. Gegenüber der *Bild* beklagte er sich: »Ich werde als schlimmster Gier-Banker, Zocker und Pleitier beschimpft.« (*Bild*, 9.3.2012) Man mache ihn stellvertretend für sämtliche Verfehlungen der Bankenbranche verantwortlich.«»Mir wird Unsinniges und Falsches unterstellt.« Wie der andere große Pleite-Manager, Thomas Middelhoff, lebt Funke in völliger Realitätsverweigerung. Die Verstaatlichung der Hypo Real Estate sei ein Riesenfehler gewesen:»Mein Lebenswerk ist da zertreten worden.« Sein Leben auf Mallorca sei keine Flucht, denn:»Ich habe nichts getan, vor dem ich weglaufen müsste.« Nein. Nur verloren die Aktionäre all ihr Geld in einer Zwangsenteignung. Die Schrottpapiere der Hypo Real Estate mussten in einer Bad Bank entsorgt werden. Und die birgt Risiken bis zu 1000 Milliarden Euro. Für Funke dagegen steht fest:»Nur weil ich in der Öffentlichkeit schon zum bösen Buben gemacht wurde, verzichte ich nicht auf meine Pensionsansprüche.«

Auf seiner Homepage verweist Funke auf seine enorme Qualifikation: Er spreche fließend Deutsch und Englisch. Ideale Voraussetzung, wenn man in Spanien arbeitet. Also, wenn Sie mal Geld übrig haben:»Designervilla in der Nobelsiedlung Son Vida, 3000 qm Wohnfläche, acht Schlafzimmer, ebenso viele Bäder. Kaufpreis: 29 Millionen Euro.«

4. David Lereah: Der Optimist

Ehemaliger Chefökonom des amerikanischen Maklerverbands und Dauer-Talkshow-Gast im amerikanischen Fernsehen, der die amerikanische Immobilienblase fast im Alleingang mit Luft füllte. Sein berühmtestes Zitat:»Glauben Sie nicht die wilden Spekulationen von Akademikern, Wall-Street-Analysten und Medienheinis. Die Hauspreise werden immer weiter steigen, das ist die Wahrheit!« Er sagte das am 10. Januar, mitten im

Platzen der Immobilienblase und dem Absturz der Hauspreise in den USA.

Das Magazin *Time* zählte ihn zu den »25 Personen, die an der Finanzkrise schuld sind«. Heute ist er Präsident der Immobilienberatungsfirma Reecon Advisors in Washington, D.C.

5. und 6. Andreas M. und Thomas G.: Die Gewieften

»Mietfrei wohnen!« lautete die Anzeige, mit der die Berliner Firma »Privileg Massivhaus« 2007 für Einfamilienhäuser für Selbstnutzer oder Kapitalanleger warb.

Dahinter steckten zwei schlaue Füchse: Andreas M. und Thomas G. Ihre Zielgruppe: Kleinverdiener. Ihre Methode: ein Strukturvertrieb – also ein Schneeballsystem. Die hohen Provisionen wurden durch immer neue Kunden finanziert. Ihr besonderer Trick: Im Internet konnte man lange nichts über ihre Betrügereien finden, da sie gegen jeden Kritiker gerichtlich vorgingen, massenhaft auf Unterlassung klagten und selbst das ZDF und die Verbraucherzentralen damit einschüchterten. Ein kritisches Online-Forum legten sie durch einen Hackerangriff lahm.

Ihre Kunden überredeten sie zu einem 11- statt 30-Modell: »Die Idee war, dass wir zehn weitere Häuser bauen und durch die späteren Mieteinnahmen unser eigenes Haus in 11 statt in 30 Jahren abbezahlen.« (*Berliner Zeitung*, 6.3.2012) Die Mieteinnahmen seien natürlich höher als Zins und Tilgung. »Alles ohne Managergehalt, Eigenkapital und eigenen Aufwand«, so die Unternehmensbroschüre. Beim Beratungsgespräch saß ein selbstständiger Finanzberater der Deutschen Bank dabei. In Wirklichkeit auch er ein Mitglied der Betrügerbande.

2010 ging Massivhaus pleite. Ein betroffenes Ehepaar sitzt nun auf 628 000 Euro Schulden. Thomas G. und Andreas M. sind auf freiem Fuß und makeln weiter – jetzt in Baden-Württemberg.

7. Uwe Heinen: Der Meister

Der Bernard Madoff unter den deutschen Immobilienbetrügern. Keiner haute so viele Menschen so nachhaltig übers Ohr. Während Kai »Bushido« Klug gerade mal auf eine Schadenssumme von 1,4 Millionen Euro kommt, verursachte Heinen mit seiner Heinen & Biege GmbH einen Gesamtschaden von – Achtung –: 340 Millionen Euro.

Heinen & Biege verkaufte seit 1988 insgesamt 6746 angejahrte Wohnungen aus dem Bestand der Neuen Heimat an unbedarfte Kleinverdiener unter dem Motto: »Wohnungseigentum ohne Eigenkapital!« Bevorzugt an Käufer, die mindestens 300 Kilometer entfernt wohnten. Und so nicht erkannten, wie sie getäuscht wurden: Mietwohnungsblöcke wurden im Eilverfahren in Eigentumswohnungen umgewandelt, einmal übergepinselt, fertig. Die Anleger ließen sich blenden und täuschen – anscheinend verlieren Kleinanleger immer dann alles gesunde Misstrauen, wenn ihnen ein Mann im Anzug gegenübersitzt, der sich Finanzberater schimpft. Sogenannte Miet-Pools sollten angeblich das Risiko von Mietausfällen minimieren. Tatsächlich verslumten die Behausungen, Bewohner zogen fluchtartig aus, und Käufer erlebten statt »Steuervorteilen« einen finanziellen Totalverlust. Vier Selbstmorde sind dokumentiert (siehe → Pfändungsbeschluss). Am 2.8.2000 ging Heinen & Biege pleite.

Neuere Dokumente belegen, wie eng Heinen mit der Badenia Bausparkasse kooperierte. Die Badenia gibt sich unschuldig. Die Prozesse laufen noch. Uwe Heinen ist auf freiem Fuß.

B) DIE SIEBEN TEUERSTEN IMMOBILIEN

Sie wollen die historischen Niedrigzinsen nutzen? Ihr Bankberater hat Ihnen was von Immobilien im Portfolio erzählt? Sie haben etwas Geld über und wollen nicht ins barrierefreie Seniorendorf? Keine Sorge, das müssen Sie nicht. Sie müssen auch keins dieser potthässlichen Townhouses kaufen und erst recht keinen Walmdachbungalow. Suchen Sie sich ganz in Ruhe eine der folgenden Immobilien aus.

1. Das teuerste Haus der Welt

Das Antilia in Mumbai. 27 Stockwerke, 37000 qm Wohnfläche, 600 Hausangestellte, drei Hubschrauberlandeplätze, hängende Gärten, Dutzende Swimmingpools. Es gehört dem reichsten Inder, dem äußerst sympathischen Ölmilliardär Mukesh Ambani. Kostenpunkt: rund eine Milliarde Dollar. Aber möchten Sie in Mumbai wohnen?

2. Das zweitteuerste Haus der Welt

Die Villa Leopolda in Villefranche-sur-Mer. Der belgische König Leopold II. erbaute das Anwesen an der Côte d'Azur 1902 für seine Geliebte. 2700 Quadratmeter Grundstück, Pavillons, Pool, Zypressenallee, Olivenallee, acht Hektar großer Park. Bei

Beschränkung auf einen Hubschrauberlandeplatz kostet das Anwesen gleich nur noch die Hälfte: 500 Millionen Dollar. Man muss allerdings wissen, dass Leopold II. einer der schlimmsten Herrscher der Weltgeschichte war, gleich hinter Hitler, Mao, Stalin und Pol Pot. Er betrieb den Kongo jahrzehntelang als Privatkolonie, ließ Dörfer niederbrennen, Hände abhacken, Frauen vergewaltigen; schätzungsweise zehn Millionen Kongolesen wurden von seinen Schergen getötet. Lassen Sie es lieber.

3. Das drittteuerste Haus der Welt

456 Millionen Dollar – na gut, denken Sie, muss etwas schäbig sein. Allerdings ist die Rutland Gate 2–8a in London keine richtig schlechte Adresse. Vier Häuser wurden für das Anwesen zusammengelegt, 5574 Quadratmeter Wohnfläche, Blattgoldverzierungen im Wert von zwei Millionen Pfund. Vorbesitzer waren der libanesische Premier Rafiq al-Hariri und der saudische Kronprinz.

Schon wieder Leute mit Blut an den Fingern. Feng Shui geht anders. Suchen wir also weiter:

4. Die teuerste Wohnung der Welt

Oben auf dem gerade erst fertiggestellten Tour Odeon in Monte Carlo, 51.–55. Stock: ein Penthouse mit 3300 Quadratmetern Wohnfläche und Glasfassade mit Rundumblick auf die französische Riviera für 300 Millionen Euro. Alberto Pinto gestaltete die Wohnlandschaft, die Spa-Suiten, den Hamam, die Sauna und das Fitnessstudio aus Marmor, Bronze und feinsten Hölzern. Inklusive Rutsche in den Infinity Pool. Und kein Diktator als Vorbesitzer. Aber ist ein Steuerhinterzieherparadies wie Monaco wirklich attraktiv als Wohnort? Oben auf einem Hochhaus?

Nein, es gibt noch etwas Besseres:

5. Das allerteuerste Haus der Welt

Nicht in New York, Los Angeles, Paris oder London. Nein, es steht in Kampen auf Sylt. Es heißt Waterküken. Und hat einen Quadratmeterpreis von 210 000 Euro. Weltrekord. Denn dieses Reetdachhaus mit unverbaubarem Blick aufs Watt kostet zwar nur 6,3 Millionen Euro, hat aber auch nur ein Zimmer. Und das ist 30 Quadratmeter groß. Braucht man mehr? In der Beschränkung liegt die Größe. Und 2400 Quadratmeter Grundstück kommen auch noch dazu. FKK-Strand und »Kupferkanne« sind nicht weit. Außerdem kriegen Sie in Kampen eh kein Objekt mehr unter fünf Millionen Euro. Oder möchten Sie lieber den Engländern helfen, ihrer größten Immobilien-Blamage ein Ende zu bereiten?

6. Die teuerste Schrottimmobilie der Welt

Sie steht mitten in London. Hat 600 Millionen Euro gekostet. Und ist eine komplette Fehlinvestition. Der 300-Meter-Wolkenkratzer The Shard (Die Scherbe) hat 72 Etagen, von denen laut *Berliner Kurier* ein Jahr nach Eröffnung nur sechs belegt sind. Das Gebäude steht fast leer. Die Luxuswohnungen sind zu teuer, die Büros schlecht geschnitten, die Mieten zu hoch. Aber immerhin, The Shard steht! Ein kleiner Vorteil gegenüber unserem letzten Superlativ:

7. Die teuerste Betonplatte der Welt

96 Millionen Euro hat er gekostet: ein Hektar Beton. Eigentlich sollte das mal ein Krankenhaus werden. Das German General Hospital in Abu Dhabi, Hauptstadt der Vereinigten Arabischen Emirate. Ein »allgemeinmedizinisches Klinikum mit spezialisierten Fachabteilungen für Herz-, Gefäß- und Nierenerkrankungen sowie einer Geburtshilfestation« (wie es auf der Website des Fonds immer noch heißt), betrieben vom Klinikum Offenbach, ausgestattet von Siemens Solutions.

So weit der Plan. Oder das Versprechen der geschlossenen Immobilienfonds, die das Ganze finanzieren sollten: Middle East Health Care 1 und Middle East Health Care 2. Er versprach Renditen von 14 Prozent. Der Analyst Philip Nerb von www.werteanalysen.de gab dem Projekt eine glatte Eins: Trotz der hohen Kosten könne der Anleger eine hohe Rendite erwarten, »gepaart mit einer hohen Anlagesicherheit«. 3500 deutsche Anleger glaubten der Fata Morgana, die die Nürnberger Shedlin Capital AG in ihren Prospekten und auf ihrer Website immer noch liebevoll ausmalt. Tatsächlich gebaut wurde nur das Al Rawdah German Medical Center, ein Ärztehaus im Herzen Abu Dhabis, das erst nur Verluste machte, dann keine Gehälter mehr zahlte und inzwischen schon wieder geschlossen ist – »wegen Umbauarbeiten« (*Der Spiegel*, 13.5.2013).

Die nervösen Anleger in Deutschland beruhigt die Shedlan Capital AG laut *Spiegel* mit drei »Exit-Szenarien«: an die Börse bringen, an die Regierung von Abu Dhabi verkaufen oder an ein »ausländisches Investorenkonsortium«. Nur: was genau? Eine riesige Betonplatte? Sollen so die 96 Millionen wieder reinkommen?

Wenn man es recht bedenkt: Das Waterküken auf Sylt ist von allen Objekten noch die vernünftigste Investition. Das Empire State Building ist ja auch gerade verkauft worden. Für über zwei Milliarden Dollar. Obwohl es seit seinem Bau nur Verlust gemacht hat. Immobilien sind etwas für Idealisten.

C) DIE ACHT KRIMINELLSTEN HAUSVERWALTER

Je schöner die Immobilie, desto hässlicher
der Hausverwalter, der sie betreut.

(Ghana)

Immobilien sind Betongold, wie wir wissen. Milliardenschwere Sachwerte. Umso überraschender, dass diejenigen, die für die Erhaltung dieser Werte zuständig sind, keinerlei Ausbildung oder Qualifikation benötigen. Jeder, der Geld braucht und nichts gelernt hat, kann Hausverwalter werden. Und wird von niemand anders kontrolliert als von den ahnungslosen Wohneigentümern. Wo kommt eigentlich die fixe Idee her, wir hätten zu viel »Bürokratie« und wären »überreguliert«?

Kein Mensch braucht Makler. Ein guter Hausverwalter wäre dagegen gar nicht so schlecht. Einer, der sich mit der siebten Novellierung der Solarförderungs-, Wärmedämmungs-, Wasseruhreneinbau- und CO_2-Reduzierungsgesetze auskennt. Und damit, wie man einen feuchten Keller trockenlegen kann. Aber wer hat schon Lust, sich in diese komplizierten und trockenen Themen einzuarbeiten? Einfacher ist es doch, den nächsten Florida-Urlaub aus der Instandhaltungsrücklage der WEG Mozartstraße 47 zu bestreiten! Der Übersicht halber habe ich mal die höchsten Haftstrafen für Hausverwalter seit 2010 zusammengestellt. Die schlimmsten Fälle sind übrigens nicht mal dabei. Mehrere Millionen Euro unterschlug der Geschäftsführer der Biberacher Hausverwaltung Haus-Grund-Boden – und starb, bevor er angeklagt werden und erzählen konnte, wo er das Geld hingeschafft hatte. Und ein 55-jähriger Hausverwalter in Weinheim wurde im April 2013 des versuchten Mordes angeklagt. Er verschloss den Kamin eines Mehrfamilienhauses mit einem Blech, ohne die Bewohner vorher zu warnen. Zwei Mieterinnen erlitten eine Rauchvergiftung und mussten im Krankenhaus behandelt werden. Der Verwalter bestritt, dass er die Mieter habe töten wollen. Er habe sie lediglich zwingen wollen, die Elektroheizung zu benutzen.

Na dann! Hier die Haftstrafen-Hitliste:

1. Der Marathonbetrüger

Erst gab es 4,5 Jahre. Dann prüfte und rechnete die Kripo noch mal nach, und das Gericht legte ein Jahr drauf: Fünf Jahre und sechs Monate – wegen »sehr hoher krimineller Energie«. 60 Wohneigentümergemeinschaften räuberte Willi Melchers aus Essen 18 Jahre lang systematisch aus. Über 900 000 Euro zweigte der 61-jährige Hausverwalter von 1993 bis 2011 aus den Instandhaltungsrücklagen unbemerkt für sich ab. Und hält damit den Rekord, was die Dauer des Betrugs angeht. Ich habe mich auch immer gewundert, warum diese Rücklagen so hoch sein müssen – und nie wuchsen, obwohl man ständig einzahlte.

Googeln Sie mal das Pressefoto – er sieht aus wie der seriöseste Mensch der Welt. Wie *ihr* Hausverwalter. Überprüft eigentlich irgendjemand dessen Treuhandkonto?

2. Der Selbstlose

Marcus K. buchte insgesamt 600 000 Euro von Treuhandkonten ab, plünderte aber außerdem die Sparbücher mit den Kautionen der Mieter. Von dem Geld machte der 45-jährige Hausverwalter aus Neustadt/Holstein Urlaub in Florida, spielte Polo und fuhr Porsche. Vor Gericht beteuerte er allerdings, er habe sich mit dem Geld nie privat bereichert, er habe nur seine Firma retten und seine Mitarbeitergehälter zahlen wollen. Trotz des Prozesses sehe er positiv in die Zukunft, wolle weiterhin in der Immobilienbranche arbeiten und seine Kontakte dort ausbauen.

Vielleicht war es eben jener Optimismus, der dem Gericht Angst machte. Vier Jahre und neun Monate im Knast sind eine lange Zeit.

3. Der Freigänger

Der Verwalter aus Delmenhorst hatte seine Wohneigentümer zwischen 2003 und 2006 um 127 000 Euro beraubt. Er hatte das Geld schlicht umgebucht – von den Treuhandkonten der Eigentümergemeinschaften auf sein privates Konto. Vor Gericht sah zuerst alles nach einer Bewährungsstrafe aus: Er ging ohne Vorstrafen in den Prozess, gab dort alles zu und ersparte damit den Richtern die Arbeit und den Betroffenen die Zeugenaussage. Dennoch schickten die Delmenhorster Richter ihn für drei Jahre ins Gefängnis. Begründung: Er habe eine feste Arbeitsstelle und könne die drei Jahre als Freigänger in einer Bremer Spezialhaftanstalt verbüßen. Eine Spezialhaftanstalt, von der aus man 40 Stunden arbeiten gehen kann.

Mit anderen Worten: Der Mann klaut 127 000 Euro – und als Strafe bekommt er drei Jahre kostenlos Unterkunft und Verpflegung. Das gibt es nur in Bremen.

4. Der Pferdehalter

So ist das in Deutschland: Zwei Jahre Gefängnis können zur Bewährung ausgesetzt werden. Zwei Jahre und ein Tag nicht. Der Hausverwalter aus Burgdorf hatte gehofft, durch Reue und Geständigkeit mit einer Bewährungsstrafe davonzukommen. Er hatte in vier Jahren elf Eigentümergemeinschaften um genau 154 690 Euro erleichtert und das Geld sorgfältig in teure Autos und fünf Pferde investiert. Obwohl der Staatsanwalt nur auf zwei Jahre plädiert hatte, verurteilte das Schöffengericht ihn wegen gewerbsmäßiger Untreue in 53 Fällen zu zweieinhalb Jahren Gefängnis.

Das war im Februar 2013. Die Berufung läuft.

5. Der Handwerkertrick

Ein Hausverwalter ist dafür zuständig, das Haus instand zu halten. Dafür muss er Handwerker beauftragen. Das taten Mathilde W. (67) und Peter W. (73) auch fleißig bei den 68 Wohnanlagen, die sie in und um München betreuten. Dabei kassierten sie allerdings über die Jahre von jedem einzelnen Maler, Maurer und Heizungsmonteur Schmiergeld für ihr Privatkonto, insgesamt rund 250 000 Euro. Die Gesamtsumme inklusive Schmiergeld bekamen die Hausgemeinschaften in Rechnung gestellt. 2011 kam es zum Prozess. Die beiden verließen den Saal mit zwei Jahren Haft auf Bewährung und 23 400 Euro Geldstrafe. Inzwischen genießen sie in Österreich ihren wohlverdienten Ruhestand.

6. Der unglücklich Verliebte

Gewerbsmäßige Untreue. Klingt irgendwie nach einer verheirateten Prostituierten. Adam B. wurde in Hannover wegen dieses Tatbestands zu zwei Jahren Haft auf Bewährung verurteilt. Und jetzt wird es interessant: Er hatte 50 Wohneigentümergemeinschaften um 480 000 Euro gebracht. In 2,5 Jahren. Das ist ganz schön viel. Vier Mal so viel wie bei dem Mann aus Delmenhorst, der drei Jahre ins Gefängnis muss. Aber irgendwie muss Adam B. Mitleid erweckt haben. Er war 1989 mittellos aus Polen gekommen und hatte hier aus dem Nichts eine Firma mit sechs Angestellten aufgebaut. Dann plötzlich der Liebeskummer. Wegen einer Mitarbeiterin. Er konnte nicht mehr arbeiten, ließ alles schleifen … es kam kein Geld mehr rein … stattdessen quoll der Briefkasten über von Rechnungen. »Wenn ich ein Loch gestopft hatte, tat sich ein anderes auf«, beteuerte Adam B. Auch Hausverwalter haben ein Herz! Die Wohnungseigentümer werden ihr Geld zwar nicht wiedersehen. Aber wer braucht schon Geld?

7. Der Parteivorstand

Es wird immer besser. Der Geschäftsführer der Bonner Wohnungseigentümerverwaltung Bonncom hatte zwischen 2009 und 2011 die rekordverdächtige Summe von 720 000 Euro veruntreut. In zwei Jahren. (Zum Vergleich: Willi M. aus Essen hatte für seine 900 000 noch 18 Jahre gebraucht. Und musste für über fünf Jahre ins Gefängnis.) Unser Bonner Rekordhalter wurde der Untreue, Urkundenfälschung und Insolvenzverschleppung für schuldig befunden. Und bekam dennoch nur zwei Jahre auf Bewährung. Äh – wieso das denn, bitte? Vielleicht, weil er bis zum Bekanntwerden seiner Gaunereien im Vorstand der Partei BIG tätig gewesen war: Bündnis für Innovation und Gerechtigkeit. Sie gilt als deutscher Ableger der türkischen Regierungspartei AKP von Recep Erdogan. Die BIG kämpft nach eigenen Angaben für »Vertrauen & Sicherheit, Barmherzigkeit & Liebe, Geduld & Bescheidenheit, Aufrichtigkeit & Zuverlässigkeit« (www.bigdeutschland.de). Genau wie der Geschäftsführer von Bonn.com es vorgelebt hat. Im Gegensatz zu den übrigen deutschen Parteien, die für Misstrauen & Unsicherheit, Unbarmherzigkeit & Hass, Ungeduld & Gier, Lügen & Unzuverlässigkeit eintreten. Endlich eine Partei, der wir vertrauen können. Geben auch Sie Ihre Stimme der BIG!

8. Der Hartnäckige

Völlig ungeschoren kam mein absoluter Liebling davon: ein Hausverwalter aus Nordrhein-Westfalen. Herr K. lebte 15 Jahre lang sehr gut davon, ein paar Mehrfamilienhäuser zu verwalten. Er vermietete die Wohnungen zu Spottpreisen an seine Freunde und kassierte von der Eigentümerin, einer alten Dame, stark überhöhte Verwaltergebühren. Dann jedoch wollte die Dame ihre Häuser verkaufen und einen neuen Verwalter einsetzen. Und hatte die Rechnung ohne Herrn K. gemacht.

Erst weigerte er sich schlicht, die Kündigung entgegenzunehmen oder die Unterlagen herauszurücken. Dann ließ er ohne Genehmigung Schönheitsreparaturen im Wert von 20 000

Euro durchführen. Er änderte die Mietverträge mit sämtlichen Mietern dahingehend ab, dass eine Kündigung, Modernisierung oder Mieterhöhung bis 2025 ausgeschlossen war. Er verleumdete die Hausverwaltungsfirma, die ihn beerben sollte, und entfachte durch Lügen und Fälschungen einen regelrechten Proteststurm gegen sie. Als das alles nichts nützte, stellte er schließlich beim Amtsgericht den Antrag, die alte Dame gesetzlich betreuen zu lassen, weil sie nicht mehr zurechnungsfähig sei, sie habe den Fehler ihres Lebens gemacht. Am Ende musste er die Häuser dennoch hergeben und sich eine andere Arbeit suchen. Wie heißt es so schön in Saudi-Arabien? »Ein hungriger Hausverwalter isst auch den schmutzigen Pudding.«

D) DIE ELF GRÖSSTEN HAUSBESITZERPLAGEN

> Du sollst nicht begehren und nicht erwerben die Immobilie deines Nachbarn, deines Bruders oder irgendeines Fremden, sie wird denn Unglück über dich bringen bis ins elfte Glied, und elf Plagen werden dich heimsuchen und deine Kinder und Kindeskinder, und du wirst auf ewig bereuen und verfluchen den Tag, da du den Notar aufsuchtest und mit eigener Hand das Schriftstück unterzeichnetest.
>
> (Buch Hiob, *Altes Testament*)

Zehn Landplagen suchten im 13. Jahrhundert vor Christus das Land Ägypten heim: Wasser wurde zu Blut. Frösche bedeckten das Land. Stechmücken und Stechfliegen füllten die Häuser. Viehpest tötete die Tiere, Schwarze Blattern die Menschen. Hagel zerstörte die Ernte, Heuschrecken fraßen alles Grün, Finsternis legte sich über das Land. Und alle Erstgeborenen mussten sterben. Dies geschah nicht etwa zufällig. Nein, es waren die zehn Strafen Gottes dafür, dass der Pharao das Volk Israel nicht aus der Sklaverei entlassen wollte.

Auch die elf Plagen des Haus- und Wohnungsbesitzers erwähnt das Alte Testament bereits. Allerdings hat der Immobilienverband Deutschland dafür gesorgt, dass nur zensierte Bibeln ohne die Originalstelle in Umlauf sind. Der Unterschied zu den zehn ägyptischen Plagen ist offensichtlich: Erstens haben Hausbesitzer eine Plage mehr. Zweitens sind ihre Plagen historisch verbürgt, während die zehn ägyptischen Plagen ins Reich der Sage gehören. Wichtiger aber ist die Gemeinsamkeit: Beides sind göttliche Strafen. Die Ägypter mussten dafür büßen, dass sie die Israelis als Sklaven hielten. Der Hausbesitzer muss dafür büßen, dass er so gierig war, ein Stück Land und Grund sein Eigen nennen zu wollen, um Fremde davon auszuschließen oder es gar armen Schluckern zu Wucherpreisen zu vermieten. Wie sagt man in Mexiko?»Land ist ewig. Geld ist nicht ewig. Daher kann man Land nicht gegen Geld tauschen.« Wir beginnen mit den milden Plagen und steigern uns langsam.

1. Hausbock

Auch Balkenbock oder Großer Holzwurm. Vertreter der Bockkäfer. Die winzigen Larven fressen ganze Dachstühle auf. Dabei kann man sie hören, aber kaum sehen, da sie ihre Gänge mit dem Fraßmehl verstopfen. Dadurch quillt kein Mehl heraus wie beim normalen Holzwurm. Nach der Verwandlung zum Käfer leben sie nur noch vier Wochen und essen nichts mehr. Dafür legt das Weibchen 300 bis 400 Eier in die Holzspalten und Risse. Der Zyklus wiederholt sich, bis das Dach zusammenstürzt.

So ähnlich wie die Immobilienbranche die Preise so lange auf-
bläst, bis der Markt zusammenbricht (→ Blase). Der Hausbock ist
nicht zu verwechseln mit der gleichnamigen Zeckenart (Gemeiner Hausbock) und dem → Hausverwalter.

2. Marder

Sie hören es auf dem Dachboden kratzen und trippeln? Das ist
ein Marder. Das hundeartige Raubtier ist ein »Kabelbeißer«, der
schwer zu stellen ist, denn er ist scheu und nachtaktiv, kann
gut klettern und bis zu zwei Meter weit springen. Zudem ach-
tet er im Gegensatz zu Fertighausherstellern stets darauf, mehrere Fluchtwege vorzubereiten. Der Einzelgänger richtet sich
Klo-, Schlaf- und Fressplätze ein, frisst Tunnelgänge durch die
Dachisolierung, nagt Leitungen an, schleppt Tollwut ein und
verbreitet auf Dauer einen bestialischen Gestank im gesamten
Gebäude. Hausmittel wie Urin, Hundehaare oder Pfeffer helfen
nicht sonderlich. Was hilft: Stören Sie ihn. Erschrecken Sie ihn.
Schließen Sie seine Schlupflöcher. Und versuchen Sie vorher
noch ein Foto von ihm zu machen. Marder sind wirklich süß.

3. Schwarzstaub

Auch »Fogging-Effekt« oder »magic-dust«. Sie haben keine
Lust auf Schwamm und Schimmel und deswegen einen Neubau oder eine frisch renovierte Wohnung gekauft? Dann freu-
en Sie sich darauf, dass sich Ihre Räume plötzlich schwarz fär-
ben. Warum? Die Antwort: Thermophorese. Weichmacher
und andere organische Stoffe entweichen aus Baustoffen und
Möbeln und verbinden sich mit Staub- und Rußpartikeln zu

einem schmierigen Film. Als Mieter dürfen Sie die Miete mindern. Als Eigentümer können Sie praktisch nichts unternehmen: »Fogging wird sich nicht ganz verhindern lassen, weil die Thermophorese ein natürlicher, physikalischer Effekt ist.«

4. Schimmel

Pilzsorte (Fungi). Gibt es in Weiß, Grün, Grau oder Blau. Kann zu Allergien und Lungenentzündungen führen. Gerade in besten Eimsbütteler Lagen oft in Form dicker Wolle, die sich über die Kellerwände zieht – und auch nach 100 000 Euro teuren Sanierungsmaßnahmen nicht verschwindet. Da hilft weder Lüften noch das Entfeuchten der Luft. Da hilft nur Ausziehen. Denn kurze Zeit später wird sich herausstellen, dass das gesamte Mauerwerk des Hauses von Schwamm zerfressen ist. In ausgezeichnetster Wohnlage. Die dann fällige Schwammsanierung kostet so viel wie das ganze Haus.

5. Termiten

Sie waren lange vor uns da, schon vor 150 Millionen Jahren. Und sie werden noch da sein, wenn wir längst ausgestorben sind. Sie werden alle Kammerjäger überleben, den Atomkrieg und Angela Merkel. Sie bilden Staaten aus Millionen ihrer Art und fressen Holz, wo immer sie können. »Viele Arten gelten als Schrecknis der heißen Länder; sie dringen scharenweise in die menschlichen Wohnungen ein und zerstören namentlich Holzwerk, indem sie dasselbe im Innern völlig zerfressen, die äußere Oberfläche aber verschonen, sodass scheinbar unversehrte Gegenstände bei geringer Erschütterung zusammenbrechen. Termiten führen ihre Arbeiten nur nachts aus und unternehmen auch weite Wanderungen; ihre ärgsten Feinde sind die Ameisen, die förmlich gegen sie zu Felde ziehen.« (*Meyers Konversationslexikon* von 1880) In Frankreich werden jährlich 200 Millionen Euro für die Termitenbekämpfung ausgegeben, in den USA weit über eine Milliarde Dollar.

Auch in Deutschland sind sie schon angekommen: im Hamburger Hafen, im Allgemeinen Krankenhaus Altona und im Gerichtsviertel in Hamburg-Mitte. Und das ist erst der Anfang.

6. Nachbarn

Es gibt viele Möglichkeiten, den Nachbarn, den man ohnehin hasst, zu noch mehr Hass anzustacheln: Tauben oder wildernde Katzen halten, Komposthaufen direkt an der Grundstücksgrenze aufschichten, Schatten werfende Bäume übern Zaun wachsen lassen, regelmäßig Gartenpartys veranstalten – und immer schön das Radio aufdrehen. Am besten mit einem gruseligen Oldiesender. Unser Nachbar in Offenau, einem kleinen Dorf in den Elbmarschen, war → Multi-Experte im Schikanieren: Er hielt Schweine, wodurch unser Haus den Sommer über voller Fliegen war, und er sperrte seine zwei Pitbulls dauerhaft in einen Zwinger, in dem sie kläfften und nachts mit den Pfoten scharrten. Dafür schoss er mit dem Luftgewehr auf unser Grundstück, wenn mein Bruder oder ich seiner Meinung nach zu lange Klavier übten. Heute, 40 Jahre später, haben Gerichte für all das Richtlinien aufgestellt. Genützt hat es nichts – der Kampf geht weiter. Die Gerichte kommen kaum hinterher. Und wegziehen will keiner. Deshalb ein letzter, kleiner Hinweis: Schweine haltende Luftgewehrschützen finden sich eher in den Elbmarschen als in Hamburg-Eimsbüttel, Düsseldorf-Oberkassel, Frankfurt-Bornheim oder München-Schwabing. Vielleicht zahlt man genau dafür den höheren Quadratmeterpreis.

7. Schadstoffe

Sie haben eine günstige Wohnung Baujahr 1962 gekauft? Oder 1978? Viiiel Spaaaß! Anscheinend fürchten Sie eine zu hohe Lebenserwartung und zu gute Gesundheit. Die Zementplatten enthalten nämlich Asbest, das seit 1993 verboten ist, weil es Lungenkrebs verursacht. Fensterfugen, Wandanstriche und Bodenbelagskleber beherbergen PCB, eine giftige Chlorverbindung, die Akne, Haarausfall, Leberschäden und Unfruchtbarkeit bewirken kann (seit 2001 verboten). Und aus den Pressspanplatten dünstet Formaldehyd aus. Diese chemische Verbindung ist sehr nützlich in der Leichenkonservierung. Bei Lebenden hingegen führt sie zu Allergien, Tumoren im Nasen-Rachen-Raum, Schlafstörungen, Konzentrationsstörungen und Gedächtnisausfällen. Auf Formaldehyd sollten Sie also auf keinen Fall verzichten – so vergessen Sie zumindest, dass Sie all diese blühenden Allergien, Tumore und Hautausschläge Ihrem eigenen Geiz zu verdanken haben. Im Übrigen soll regelmäßiges Lüften helfen. Hahahaha! Oder Sie verkaufen das Schrotthaus einfach an den nächsten Trottel, der seinen Körper einem Schadstoffbelastungstest aussetzen will, um etwas Geld zu sparen.

8. Ungeziefer

Der Fachmann unterscheidet zwischen Vorratsschädlingen, Materialschädlingen, Hygieneschädlingen und Lästlingen. Und kennt von diesen unzählige Arten, eine niedlicher und brutaler als die andere: Amerikanische Schabe, Backobstmilbe, Behaarter Baumschwammkäfer, Bettwanze, Brotkäfer, Buckelfliege, Deutsche Schabe, Dornloser Speckkäfer, Dungmücke, Dunkler Pelzkäfer, Dörrobstmotte, Erbsenkäfer, Erdnussplattkäfer, Filzlaus, Fleischfliege, Fruchtfliege, Gefleckter Pelzkäfer, Gemeine Wespe, Gestreifter Speckkäfer, Gewöhnlicher Nagekäfer, Glänzendschwarzer Getreideschimmelkäfer, Graue Feldwanze, Großer Reismehlkäfer und so weiter und so fort.

Das waren Auszüge aus A bis G des *Lexikons der Schädlinge* (www.lexikon-der-schaedlinge.de). Wollen Sie immer noch ein Haus kaufen?

9. Baupfuscher (»Handwerker«)

Diese Plage ist besonders tückisch. Während man eine Dörrobstmotte so zweifelsfrei erkennen kann wie einen Erdnussplattkäfer, lässt sich der nützliche Fliesenleger vom verschlagenen Fliesenpfuscher mit bloßem Auge nicht unterscheiden. Erst wenn die Fliesen stümperhaft verlegt sind, erkennt man, dass man wieder mal nichts erkannt hat. Im Gegensatz zu Schaben und Speckkäfern verlangen Baupfuscher für die Schäden, die sie angerichtet haben, sogar noch Geld. Und werden dabei mitunter äußerst unfreundlich. Im Zweifel waren sie nie selbst schuld, sondern der → Bauherr, der → Architekt oder jene Baupfuscher, die vor ihnen auf der Baustelle waren. Pfuschwissenschaftler unterscheiden folgende Arten: Abartiger Abflussverschließer, Behaarter Betonmischer, Buckliger Bauleiter, Frecher Fernseherverkratzer, Fleckiger Fliesenzerhauer, Gemeiner Gardinenverschmutzer, Großer Gartenverschandeler, Gieriges Glaserauge, Gerissener Gerüstbauer, Haariger Heizungsmann, Tiroler Teppichverschneider, Türkischer Tischlertrottel, Pelziger Pumpenzerschrotter, Peinlicher Parkettverschleifer, Siamesischer Sanitäridiot, Unrasierter Unhold, Weißgesichtiger Waschmaschinenwilli. Und das waren nur die Wichtigsten. Vielleicht doch lieber ein hässliches Fertighaus kaufen?

10. Schwammbefall

Der echte Hausschwamm ist ein Braunfäulepilz und der gefährlichste Gebäudezerstörer außerhalb von Erdbebengebieten. Er nährt sich von Holz, Textilien, Papier, Spanplatten und Stroh. Er durchdringt und durchwächst Mauerwerk und Putz (daher auch »Mauerschwamm«). Ebenso radikal müssen die Gegenmaßnahmen sein: Holzkonstruktion des Hauses austauschen, befallenes Mauerwerk entfernen, das restliche Mauerwerk abflammen. Vorsichtshalber. Leider überleben die Pilzreste alienartig auch in trockenem Zustand über Jahrzehnte. Außerdem muss die Feuchtigkeitsquelle gefunden und beseitigt werden, aus deren Schoß der Schwamm einst kroch. Bei → Altbauten kaum möglich. Hartnäckiger als Hausschwamm ist nur der:

11. Hausverwalter

Unfreundlich wie ein Baupfuscher, gefräßig wie ein Hausbock, gefährlich wie Hausschwamm, raumgreifend wie Schimmel, schmierig wie Schwarzstaub, schlau wie ein Marder, umtriebig wie eine Filzlaus und unkaputtbar wie ein Termitenstaat. Der Mann, der vorgibt, die Eigentümer vor Plagen zu schützen, ist ihre größte Plage. Aber wir wollen nicht ungerecht sein. Es gibt zumindest eine gute Hausverwalterin in Deutschland. Ich kenne sie persönlich. Seit Jahren. Fair, kompetent, höflich und hilfsbereit. Adresse auf Anfrage.

E) DIE 46 LUSTIGSTEN FORMULIERUNGEN

Wenn der Vater an einer Eigentumswohnung zugrunde ging,
fürchtet der Sohn bereits das Maklerexposé.

(Kongo)

Vertriebsdummdeutsch, Maklergestammel, Exposélyrik: Eine Welt der sprachlichen Superlative, mit der allein man 88 Brockhausbände füllen könnte. Aber den Brockhaus gibt's ja auch nur noch auf CD-ROM. Hier die 46 allerallerallerbesten. Für den Makler-Büchner-Preis. Der natürlich nicht Büchner-Preis heißen wird, sondern, wie sollte es anders sein: Preis auf Anfrage.

Wenn man schon freiwillig in elf biblische Plagen hineinrennt, sollte man wenigstens bei der Suche nach dem Tor zur Hölle ein bisschen was zu lachen haben.

1. »Das Thema Schwamm ist in dem Haus.«

Die junge Engel & Völkers-Maklerin im Businesskostüm führte mich durch die feuchte Souterrain-Ruine, und ich war dankbar, dass ich nur zu Recherchezwecken hier war. Würde irgendjemand so wahnsinnig sein, hier sein Geld zu versenken? Von sich aus müssen Makler ja nicht auf Baumängel hinweisen. Aber so richtig lügen dürfen sie auch nicht. »Was ist eigentlich mit Schwamm?«, fragte ich irgendwann. »Ist ja alles ziemlich feucht hier.«–»Ja.«Sie sah zur Seite.»Das Thema Schwamm ist in dem Haus.«–Das Thema ist im Haus – oder der Schwamm?, wollte ich gerade nachfragen. Da fügte sie schon hinzu:»Mehr weiß ich aber auch nicht.«Ein Glück. Mehr wollte ich auch gar nicht wissen.

2. »Setzen Sie sich mal auf den Fußboden.«

Das Haus lag direkt an einer Hauptverkehrsader. Der Blick aus dem Fenster ging auf eine vierspurige Straße. Und das Ganze sollte dennoch über 4000 Euro pro Quadratmeter kosten. Der Makler sah das unterdrückte Entsetzen in meinen Augen.»Setzen Sie sich doch mal auf den Fußboden«, riet er mir.»Wie bitte?«, fragte ich.»Ja, setzen Sie sich einfach auf den Fußboden.« Ich tat wie geheißen.»Sehen Sie? Von hier aus sehen Sie nur noch Bäume!«Tröstlich. Wenn das Haus schon so teuer ist, kann man sich wenigstens die Stühle sparen. Man lädt Kleinwüchsige ein. Und führt die übrigen Gäste kriechend durchs Haus.

3. Seniorendorf

»Häuser im toskanischen Stil«bot die Grundstücksgesellschaft Manke an.»Ruhige Sackgassenlage in der aufstrebenden, kinderfreundlichen Stadt Bargteheide.«Aufstrebend und kinderfreundlich – klang interessant. Aber was stand in der Anzeige gleich daneben:»19 Reihenhäuser im Seniorendorf Bargteheide.«Was denn nun – Dorf oder Stadt? Der Text gab Aufschluss: »Sowohl in die Stadtmitte als auch zum Bahnhof sind es nur jeweils 600 Meter.«Eindeutig: Stadt. Ja, Metropole: Alles ist nur 600 Meter entfernt. Und: »Betreutes Wohnen und individuelle Pflege möglich.« Bargteheide – das kinderfreundliche Seniorendorf!

4. Grundrissstark

Die Bau- und Grundstücksgesellschaft Terrabaltic hatte für ihre Headline offenbar die besten Werbetexter der Republik zusammengetrommelt:

»TownHouses: Breit, Attraktiv und Grundrissstark.«

Breit – okay. Attraktiv: na ja. Aber was bedeutet eigentlich grundrissstark? Und wie sieht wohl ein grundrissschwaches Townhouse aus?

5. Frischluftfenster

Und noch mal dieselbe Anzeige: Die »grundrissstarken Town-Houses in Schenefeld« verfügen über »Familienbad mit Frischluftfenster«. Ein echtes Verkaufsargument. Der Fairness halber sollte aber auch das Wohnzimmer mit Abluftfenster noch erwähnt werden. Und das Kinderzimmer mit Umluftfenster.

6. Hybridhouses

»Entdecken Sie ein Bauwerk, das der Philosophie von Yin und Yang so nahekommt, dass Gefühl und Logik eine wunderbare Symbiose eingehen: Hybridhouse.« Hybrid. Alles klar. Irgendwas wird da gekreuzt und durchmischt. Bloß was? Hundehütte mit Chalet? Heizungskeller mit Penthouselook? Gründerzeitvilla mit Plattenbauweise?

7. ETW's

Dass ihr euch np HomeHunting GmbH & Co. KG nennt, verheißt schon mal nichts Gutes. Dass ihr im »Ortszentrum von Trittau« gebaut habt, erinnert an den Witz von Ingo Insterburg: »Wanderer kommst du nach Liechtenstein / Tritt nicht daneben, tritt mittenhinein.« Aber eure Überschrift: »Neubau eines KfW Effizienzhauses mit 12 ETW's« – nein, die lassen wir euch nicht durchgehen. Der Plural von Eigentumswohnung ist nicht Eigentumswohnungs. Und auch nicht Eigentumswohnung's. Sondern?

Äh, was das Wort »Plural« bedeutet? Das müsst ihr schon selbst herausfinden, liebe np HomeHunting GmbH & Co. KG.

8. Beste Citylage

Als »beste Hamburger Citylage« wurde die Wohnanlage »Parkside Lokstedt« beworben. Lokstedt ist ein toter Rentnerstadtteil im Norden der Stadt. Speziell im Zylinderviertel, wo »Parkside Lokstedt« liegt, gibt es keinerlei Geschäfte, Cafés oder Restaurants. Nur triste Einfamilienhäuser. Ich sehe die Nicht-Hamburger vor mir, die durch diese Straßen spazieren und sich ungläubig fragen: »Das ist also die Hamburger City? Dagegen ist Elmshorn ja so eine Art New York!«

9. ???

Ein Zentaur ist ein Pferd mit Menschenkopf. Also ein Wesen, mit dem etwas nicht stimmt. Und das trifft wohl auch auf die Centauri Bauträger GmbH zu, die in großformatigen Anzeigen ihre Wohnungen in der Hamburger Saseler Chaussee wie folgt bewarb:

– Sehr geringe monatliche ???Energieverbrauchskosten
– Sanitärkeramik von ???Villeroy&Boch
– Be- und Entlüftungsanlage ???in jeder Wohnung
– hochwertige Bodenbeläge ???z. B. Parkett
– großzügige ???Balkone und Terrassen

Liebe Zentauren. Manchmal können Menschen wiehern. Und Pferde können sprechen. Ich finde es gut, dass ihr eure eigenen Versprechen so rigoros infrage stellt. Aber warum gebt ihr dann überhaupt diese großformatige Anzeige auf? Oder ist euer Marketingleiter einfach nur ein Riesenfan von Justus, Peter und Bob?

10. Logische Raumfolge

»Moderne Architektur, logische Raumfolgen, durchdachte Details«, verspricht die KANTWEG GmbH. Könnte man vielleicht auch sagen: Durchdachte Architektur, moderne Raumfolgen, logische Details? Oder: Altbackene Architektur, unlogische Raumfolgen, zeitlos hässliche Details? Vielleicht. Bleibt die Frage: Was genau ist eine Raumfolge – und wodurch wird sie logisch? Groß – groß – klein? Dunkel – feucht – verschimmelt?

11. Pflege-Immobilie

Irreführende Steigerung von → Seniorenimmobilie: »Investieren Sie in einen der größten Wachstumsmärkte Deutschlands!

2040 wird ein Viertel der Bevölkerung in Deutschland über 70 Jahre alt sein. Sichern Sie sich eine renditestarke Pflege-Immobilie als zukunftsorientierte und solide Kapitalanlage.«

Liebe Diringer & Scheidel. Erstens sagen uns die Soziologen, dass die zukünftigen Greyhopper reiselustig, sportlich und sexuell außerordentlich aktiv sein werden. Und zweitens denkt man bei Pflege-Immobilien unwillkürlich an Häuser in Pflegestufe III, an Hausbock, Schwamm und Schwarzstaub. Vielleicht das Wording noch mal überdenken?

12. Kopffreiheit

Wir alle sehnen uns in der 2. Klasse des ICE und im Economy-Flug nach Beinfreiheit. Vergeblich. Aber in Potsdam erwartet uns jetzt etwas viel Besseres: »Raumhöhen von 2,75 sorgen in der ›Villa Hegel‹ für viel Kopffreiheit.« Für Giraffen?

13. Unvorstellbare Einbauküche

Bei einem Quadratmeterpreis von 5380 Euro sollte man in der Wohnungsbeschreibung nicht mit Superlativen sparen. Zumal, wenn eine Provision von 84 062 Euro winkt. Das dachte sich auch Eschner-Immobilien: »Edles, sehenswertes Traum-Komfort-Penthouse mit unvorstellbarer Einbauküche, wertvollen Einbauschränken, Sauna und traumhaften Bädern. 250,09 qm feinste Netto-Wohnfläche für nur 1 345 000 €.«

Unvorstellbare Einbauküche. Ich erinnere mich. Das muss das Alte Testament mit der berühmten Stelle gemeint haben: »Ich bin deine Eschner-Immobilie. Du sollst dir kein Bild von meiner Einbauküche machen.«

14. Denkbar ist hier viel!

»Eine Perle an der Pellwormer Perlenkette: Ein Haus mit über 100-jähriger Geschichte bildet an einem touristisch hochinteressanten Standort die ideale Plattform für neue Ideen – und denkbar ist hier viel!«

Ja, äh ... was denn genau? Der erste Pellwormer Puff? Der zweite Pellwormer Plattenbau? Oder das dritte Sado-Maso-Hotel Norddeutschlands mit eingebauten Kreuzen, Fesseln und Folterkellern?

15. An-/Umbauten

»Einfamilienhaus mit Werkstatt und Garage – Baujahr 1957, An-/Umbauten 1968, 1973, 1978 und 1997.«

1968: Einbau von Asbestzementplatten
1973: Dachdämmung mit krebserregender Mineralwolle
1978: Verlegung neuer Teppiche mit PCB-haltigem
Teppichkleber
1997: Spitzbodenausbau mit Formaldehyd-Pressspanplatten. Prost!

16. Circa

»Breklum. Einfamilienhaus mit Anbau, ca. 129 qm Wohnfl., ca. 5 qm Nutzfläche, Bj. ca. 1965, renov. ca. 1986, Anbau ca. 1996, Grdst. ca. 498 qm.«

Ich habe mich zwar nicht informiert, aber ich schreibe trotzdem irgendwas hin. Und mein Name ist circa Mord-Ostsee-Sparkasse.

17. Viel Platz und jede Menge Raum

Es handelte sich um vier dunkle Zimmer im Souterrain. Auf dem Exposéfoto waren die obersten drei Stockwerke des Jugendstilhauses abgebildet; zur Wohnung musste ich eine Treppe hinabsteigen in etwas, was sich eher wie Keller anfühlte als Souterrain. Ein Raum war komplett dunkel, sein einziges Fenster führte in einen anderen Raum. Ein weiterer Raum hatte nur ein Fenster, das auf einen zugeschrotteten, engen Luftschacht führte. Dann gab es noch eine vollgerümpelte Abstellkammer und einen verwilderten dunklen Garten mit vereinzelten Müllresten. Und so klang das Exposé:

»Hier haben Sie viel Platz und jede Menge Raum. Zum Wohnen, zum Arbeiten, zum Chillen und sogar zum Grillen. Die toll geschnittene Souterrainwohnung strahlt jede Menge Behaglichkeit aus. Und eignet sich ideal als Refugium, wenn man zwischen zwei Abstechern ins Geschehen wieder mal Kraft tanken will. Unser Tipp: Einfach mal anschauen!« 249 000 Euro für eine düstere Müllhalde. So dreist muss man erst mal sein!

18. Gestaltungsmöglichkeiten

»Vielfältige Gestaltungsmöglichkeiten und viel Ausbaupotenzial bietet die sanierungsbedürftige Villa aus den 1920er Jahren.«

Will sagen: Es muss nicht alles neu gemacht werden. Na gut – fast alles. Aber dafür können Sie sich die Farbe der neuen Badezimmerfliesen auch selbst aussuchen. Und im Preis gehen wir dann auch noch etwas runter. Sagen wir: 3 490 000 Euro. Klingt doch bedeutend billiger als 3,5 Millionen. Ein Angebot von Dahler & Company.

19. Bedingende Umstände

Die Räume: dunkel. Die Wände: fleckig. Die Dielen: verfärbt,
staubig, verschmutzt. Aber: Hamburger Generalsviertel. Und
so lesen wir im Exposé: »Der Umstand, dass sich Wohnraum
in diesen Straßen einer ungebrochenen Nachfrage und Beliebt-
heit erfreut, bedingt, dass Interessenten eine gewisse Eile geboten ist. Lassen Sie sich dieses Angebot daher lieber nicht vor der
Nase wegschnappen! Schleifen Sie Ihren eigenen Diamanten!«

Mmh. Dafür, dass noch sehr lange und viel geschliffen werden muss, sind 329 000 Euro für 80 Quadratmeter gar nicht
mal sooooo günstig.

20. Einzigartige Deckenhöhen

»Lichtdurchflutete Räume mit 2,50 m Deckenhöhe« kannte
ich schon. Aber jetzt der Hammer: »Exklusive Eigentumswohnungen mit einzigartigen Deckenhöhen von bis zu 3 m werden
Ihnen ein besonderes Zuhause sein.«

Bis zu drei Meter – der reine Wahnsinn! Die Schreiberin
des Exposés muss entweder in mongolischen Jurten, in tansa-
nischen Lehmhütten oder in DDR-Plattenbauten groß geworden sein.

21. Schöne Haussichten

Der Werbeslogan von Immonet. Nein, liebe PR-Experten, da
muss man nicht schmunzeln, sondern nur leise stöhnen. Noch
schlimmer: »Massive Wohnträume« von Breyer & Seck Bau.
Irgendwie muss ich da an massive Albträume und massive Pro-

bleme denken. Höhepunkt missrazenen Werbetextens bleibt allerdings Karla Frickes Slogan: »Bude bei die Fische?«

22. Stadtpalais mit Personalhaus und Rosengarten

»Mitten in Lüneburg. 11 Zimmer, 657 qm Wohnfläche, eigenes Haus fürs Personal und Rosengarten.«
Bleiben die Fragen: 1. Darf das Personal den Rosengarten betreten? 2. Wo bekommt man heutzutage noch gutes Personal her? Und 3.: Wenn man sich Personal leisten kann – warum sollte man dann ausgerechnet nach Lüneburg ziehen?
Preis auf Anfrage.

23. Kennt keiner

»Ventschau, kennt keiner 30 min Lüneburg 15.000 m2 mit kleiner Altbau Substanz. Bebauung Blockhaus bis 100 m2, Ansch. Gas Wassser, Tel. vorhand. Naturliebhaber. Preis FP 40.000,00«
Ja, diese Anzeige ist so erschienen. Im *Hamburger Abendblatt*. Am 7.4.2012. Ich höre förmlich den Dialog zwischen Anrufer und Anzeigensekretärin: »Jo. Also das is in Ventschau.« – »Wo?« – »Kennt keiner.« – »Aber wo ist denn das?« – »Is 30 Minuten von Lüneburg.« Immerhin: Es gibt Telefon. Und Festpreis. Das verwitterte Blockhaus ist so teuer wie der Tiefgaragenstellplatz in München. Sind Sie Naturliebhaber? Rufen Sie an!

24. Bis zu 10 % und mehr

»Sie entscheiden jährlich selbst, wie oft und wie lange Sie dort Urlaub machen und wann Ihre Immobilie für Sie vermietet wird. Abhängig von Ihrer Eigennutzung erzielen Sie eine Rendite von bis zu 10 % und mehr.«

Also – das kann eine Rendite von neun Prozent sein. Oder eine Rendite von einem Prozent. Oder 80 Prozent. Genau genommen kann es jede natürliche Zahl sein. Auch jede negative Zahl. Das Einzige, was feststeht, sind die 329 000 Euro, die die Planet-Haus AG für diese »Ausnahmeimmobilie« erhält.

25. Zeichen statt Grenzen

»Der Kubus Vision II frei geplant vom S & T Architektenteam: Das Design setzt Zeichen, keine Grenzen.« Endlich. Die Welt atmet auf! Erinnern wir uns an den Vorgänger: »Der Kubus Vision I zwangsweise geplant vom S & T Einzelarchitekten: Das Design mauert ein, statt Zeichen zu setzen.«

Zeichen statt Grenzen. Ich habe wirklich lange darüber nachgedacht. Vielleicht demnächst: Der Keller ist groß statt breit? Der Garten ist grün statt hinterm Haus? Und die Küche funktioniert, statt Geräte zu haben? Ina Deter erkannte es schon 1982: Neue Immobilientexter braucht das Land.

26. Einmalige Rarität

Eine »Einmalige Rarität« bietet Pipping Immobilien in Reinbek an.

Mit 1,5 Millionen ein billiges Schnäppchen, qualitativ hochwertig, schön ästhetisch, in der Nähe eines baumreichen Waldes, eines Wasserbachs und einer Einkaufszone mit Geschäften. Für Käufer, die das Haus erwerben möchten. Mit finanziellen Geldmitteln.

27. Wohnlicher Vollkeller

Einen »Neubau mit viel Komfort« verspricht Görz Immobilien. Und konkretisiert: »EFH mit wohnlichem Vollkeller in ruhiger Lage.« Vielleicht auch noch »gut verschließbar«?

Wenn die Anzeige in Österreich erschienen wäre, würde ich mir jetzt wirklich Sorgen machen.

28. Walmdachwinkelbungalow

Bungalow ist ja schon schlimm. Walmdachbungalow ist worst case. Aber ein *Walmdachwinkelbungalow*? Und dann noch in Buchholz in der Nordheide, Ortsteil Holm/Seppensen? Für 245 000 Euro? Erinnert an die Umfrage von ImmoScout24: »Jeder zweite Eigentümer überschätzt den Wert seiner Immobilie.«

29. www.kriech.de

Website mit Anweisungen und Tipps, wie man den Makler dazu bringen kann, einem den Vorzug vor den 200 Mitbewerbern für die wundervolle Wohnung in Hamburg-Eimsbüttel zu geben. Äh – nein. Nur der Name einer der 35 000 Maklerfirmen in Deutschland. Erinnert mich irgendwie an meinen letzten Zahnarzt: Dr. Wimmer.

30. Verbinden Sie Dauerurlaub und Arbeit

John Spiering ist der Philosoph unter den Maklern. Was macht uns Menschen glücklich – Müßiggang, wie die alten Griechen lehrten, oder Arbeit, wie Karl Marx meinte? Spiering bringt nach 4000 Jahren Geistesgeschichte beides zusammen: »Pensionär am Meer. Sie wohnen in einer ca. 130 m²-Wohnung und vermieten 5 Ferienapp. von 22–60 m² Wohnfl., wenige Meter vom Meer entfernt. Verbinden Sie Dauerurlaub und Arbeit.«

John! Jetzt muss ich mal streng werden. Wenn die Vermieterei in Arbeit ausartet – was wird dann aus dem Dauerurlaub? Und zweitens: Meinst du, ich kann meine 130 Quadratmeter Wohnfläche genießen, wenn mein armer, von mir ausgebeuteter Untermieter sich mit 22 Quadratmetern begnügen muss? Nein, das Problem bleibt ungelöst. »Ein weißes Hemd und rotes Öl können keine Freunde werden.« (Spanien)

31. Jung und gut gebaut

... ist diese »attraktive 3-Zi-ETW, Bj. 1990« angeblich und bietet »charmante Räumlichkeiten auf zwei Ebenen.« Auf zwei Ebenen! Aber es wird noch besser: »TG und Kellerraum gibt es als Add-on dazu.« Als Add-on. What zum Teufel means it?

32. Nah am Wasser gebaut!

Liebe Grossmann & Berger, was wollt ihr mit dieser Überschrift sagen? Wenn wir diesen Neubau in Elbnähe kaufen, müssen wir später sehr, sehr lange über diese Entscheidung weinen?

33. Cash offers

»Kapstadt – Südafrika. Zu verkaufen: elegantes 5*Boutique-Hotel. Villa mit Park am Cap – Golf & Wein – Nur solvente Anfragen, cash offers.« Nur Cash. Also seriöses Bargeld. 10 Millionen Dollar in kleinen Scheinen. In einem großen, schwarzen Lederkoffer. Moment, da haben wir doch einen, der sich damit auskennt … Herr Schäuble? Können Sie das bitte abwickeln?

34. Dezente Offenheit

»Hier passt alles zusammen: Innovative und zeitlose Architektur mit moderner Linienführung und dezenter Offenheit sowie Platz für individuelle Ausstattungswünsche.« Liebes Struck Wohnungsunternehmen: Hier passt aber auch gar nichts zusammen. Innovativ ist nicht zeitlos. Dezent ist nicht offen. Und Ausstattungswünsche sind immer individuell. Fünf in Deutsch? Werde Makler!

35. EINE EBENE, TOP-Bungalow

»Alveslohe: EINE EBENE, TOP-Bungalow, VK, Kamin, Garage+ Carp. auf gr. Grundst.« Weltsensation im Kreis Stormarn: Der erste Bungalow, der mit nur einer Ebene auskommt. Aber wozu braucht man einen Carport, wenn man bereits über eine Garage verfügt? Egal. Hauptsache Vollkeller!

36. Preissensation w. Krankheit!

»90.000 Euro. Preissensation w. Krankheit! Großes 1-Fam.-Hs., Rotklinker, Satteldach, Doppelportal, ca. 190qm Wohnfl., 7 Zi..« Wow. Weniger als 500 Euro pro Quadratmeter. Fragt sich nur: Ist der *Eigentümer* wirklich todkrank und braucht das Geld? Oder ist vielmehr das *Haus* todkrank und schwammverseucht vom Keller bis zum Satteldach?

37. Sonne – Ruhe – Rehe

»Sommer*Ruhe*Rehe. Architektenhs. Bj. 2012, Solaranl., exkl. EBK, Dielen, Kamin, 1350 m² Grdstk, Dachterr., Bahnanbindung!« Sonne: okay. Ruhe: auch schön. Aber Rehe? Wie soll man dann bitte etwas anpflanzen im 1000-Quadratmeter-Garten? Da nützt auch die Bahnanbindung nichts.

38. Ausrufezeichen

Ausrufezeichen sollte man sparsam verwenden, damit sie ihre Wirkung nicht verlieren und der Text nicht klingt wie der Kaspermonolog im Kasperletheater.

Das beherzigte auch JEMA Immobilien: »KfW 70-DHH! Baujahr 2013! Ruh. Bramfeld! € 298.000.«

Klingt für meine Ohren etwas trocken. Verbesserungsvorschlag: »KfW 70-DHH! Baujahr 2013!!! Ruh. Bramfeld!!!!!!!!!!!! € 298.000!!!!!??:@)))))&%$$$$$$!!!«

39. Zu schön um wahr zu sein

»Exklusive Villa in Blankenese. Zu schön um wahr zu sein. 11 Zimmer, 470 qm Wfl, Bj. 1913 (Topzustand), Preis auf Anfrage.«

Liebe Icon Immobilien. Dass die Beschreibung geschönt, ja dreist zusammengelogen ist, denkt man als Suchender bei jeder Anzeige und jedem Exposé. Hier ist es vermutlich der »Top-Zustand«. Deshalb: Schreiben Sie das nie wieder!

Die Japaner sagen: »Wahre Worte sind nicht schön. Und schöne Worte sind nicht wahr.«

40. Fairmietung in HH-St.-Georg

»Fairmietung in HH-St.-Georg« bietet die Schiffszimmerer-Genossenschaft. Lassen Sie sich das nicht zweimal sagen. Mindern Sie von Anfang an die Miete, weil die Decken nicht hoch genug sind. Verklagen Sie den Fairmieter wegen Mietwucher und stellen ihm die Anwaltskosten in Rechnung. Verteilen Sie großzügig Schimmel- und Schwammkulturen im Haus, damit auch Ihre Mitbewohner bald keine Miete mehr zahlen müssen. Müllen Sie Hof und Keller voll, siedeln Sie Ratten an, beschweren Sie sich lautstark beim Fairmieter und verlangen Sie Schadensersatz für schwere Traumatisierung. Feiern Sie jede Nacht bis 5 Uhr morgens durch, indem Sie abwechselnd *Ein bisschen Spaß muss sein*, *Viva Colonia* und *Fiesta Mexicana* in voller Lautstärke abspielen. Am besten nur *Viva Colonia*. Sagen Sie den vorbeischauenden Polizisten, das sei nur zivilrechtlich von Belang, die Herrschaften seien gar nicht zuständig und dürften jetzt wieder gehen. Klopfen Sie den Putz von den Wänden und behaupten Sie, das sei moderne Ästhetik. Beschwert sich Ihr Fairmieter wider Erwarten doch einmal sehr vorsichtig, dann beschimpfen Sie ihn eine halbe Stunde lang als autoritären, faschistoiden Sack – so lange, bis er sich entschuldigt, bedankt und Ihnen den Müll hinunterträgt.

41. Schenefelder TownHouse: Ganz schön breit

Dass ein TownHouse besser aussieht als ein Townhouse, daran haben wir uns seit der BahnCard schon gewöhnt. Aber »ganz schön breit«? Vielleicht kam der Werbetexter aus Österreich und war mit norddeutschem Slang nicht vertraut. In Sche-

nefeld bedeutet das nämlich so viel wie: Wer sich den Schrott
kauft, muss hackedicht sein.

42. Fernab vom Trubel

»Das Ensemble aus 46 modernen Eigentumswohnungen liegt
fernab vom Trubel des Wandsbeker Marktes und dennoch nur
fünf Minuten zu Fuß von diesem entfernt.« Wie schön, wenn
man in nur fünf Minuten fernab sein kann. Aber ist der Wandsbeker Markt denn jetzt angenehm oder unangenehm trube-
lig? Ethnologische Feldforscher aus der Südsee haben berichtet, sie hätten auf der ganzen Welt keinen so hässlichen Platz
finden können wie den Wandsbeker Marktplatz. Der Hamburger weiß: »Bleib doch lieber ganz weg/als dass du ziehst nach
Wandsbek.«

43. Saniertes Kutscherhaus

»Zum Anwesen gehört das sanierte Kutscherhaus, das vom
neuen Eigentümer beliebig gestaltet werden kann.«
        Mmh. Beliebig gestalten. Lass mal überlegen, Adele. Was ist
mit dem weißrussischen Au-pair-Mädchen, dem polnischen
Gärtner und der rumänischen Putzhilfe? Können wir die da
nicht unterbringen?

44. Temporäre Gebäude

Frustrierte Vermieter, aufgepasst: »Temporäre Gebäude zur
Miete! Systemgebäude und Containeranlagen zu besonders
günstigen Mietkonditionen.« Bietet www.sani-modulbau.de.

Ist Ihnen klar, was Sie hier vor sich haben? Ein ideales Mittel gegen Mietnomaden! Bleibt die Miete aus, wird das temporäre Gebäude einfach wieder entfernt. Freuen Sie sich auf das Gesicht des säumigen Mieters, der vom Einkauf nach Hause kommt und seine Wohnung nicht mehr findet! Wenn er Sie fragt, zitieren Sie einfach Heraklit: Panta rhei. Alles fließt. Dank Sani-Modulbau.

45. Tiefere Bedeutung

»Arbeitnehmer der Generation y«, sinniert Richard-Emanuel Goldhahn in der *FAZ* über die nach 1980 geborenen, »sind gut ausgebildet, kosmopolitisch aufgewachsen (...) und fühlen sich durch die tiefere Bedeutung ihrer Aufgaben motiviert.«

So weit, so schön. Nun aber kommt das Problem: »Die meisten Unternehmen in der Immobilienbranche bieten nicht die beschriebene ›tiefere Bedeutung‹.« (*FAZ*, 19.7.2013)

Ich fasse zusammen: Wenn jüngere Leute doch noch Makler werden sollen, muss das Makeln eine tiefere Bedeutung bekommen. Tiefere Bedeutung. Makeln. Mmh. Ich denke nach. Ich denke weiter nach ... Wie wäre es mit *Geld verdienen*?

46. Schönes Haus

Wozu all die Superlative – stilvoll, elegant, hochattraktiv und exklusiv? Unsere Freunde aus Italien machen vor, wie sich das sprachlich viel schlichter lösen lässt:

»Italien. Schönes Haus mit fantastischer Aussicht zu verkaufen.« Dann die Telefonnummer.

Kauf ich.

III.

Beruf ohne Befähigungsnachweis
Eine Reise ins Absurdistan des Maklerrechts

Reiß dir lieber deinen Bart aus,
als ihn deinem Makler zu geben.

(Iran)

Im Jahre 1985 erzählt der Makler Peter B. (Name geändert) anlässlich des Verkaufs einer Motorjacht seinem Freund Bernd S. (Name ebenfalls geändert), eine als Altenheim genutzte Jugendstilvilla in Bad Oldesloe habe Hausbock und sei daher »günstig zu schießen«. 1989 kauft das Ehepaar S. die Villa für 346 000 DM auf einer Zwangsversteigerung im vollen Wissen um den Schaden. Das Paar zieht in das marode Gebäude ein und deckt die von Hausbock befallenen Teile nur ab, ohne sie zu sanieren. 1994 verkaufen die beiden die Villa weiter, und zwar für DM 1 600 000. Die Käufer hatte der Makler Peter B. besorgt, der schon seit neun Jahren von dem Hausbock wusste.

Man kann es am Preis ablesen: Weder Peter B. noch das Ehepaar S. haben den Käufern etwas vom Hausbock erzählt. In den Kaufvertrag schrieben sie sogar: »Dem Verkäufer ist vom Vorhandensein geheimer Mängel wie Hausbock oder Schwamm nichts bekannt.« Peter B. bedankte sich. Und kassierte von den Käufern eine Provision von 101 200 DM.

Im März 1997 treffen die neuen Eigentümer auf Bernd S., der ihnen von dem Hausbock erzählt. Nach einem drei Jahre langen Rechtsstreit muss das Ehepaar S. die Villa zurücknehmen, den vollen Kaufpreis zurückzahlen sowie einen Schadensersatz von 95000 DM. Nun möchten die betrogenen Käufer verständlicherweise auch die Maklerprovision wiederhaben. Doch Peter B. weigert sich standhaft. Er geht bis zum Bundesgerichtshof. Und der stellt am 22. September 2005 folgenden Rechtsgrundsatz auf: »Der Makler ist dem Vertragsgegner zur Aufklärung verpflichtet, wenn er Kenntnis davon hat, dass sein Kunde unrichtige Angaben über den Zustand des Vertragsgegenstandes (hier: Hausbockbefall einer alten Jugendstilvilla) macht.«

Auf Deutsch: Der Makler hätte dem Käufer vom Hausbock erzählen müssen. Man reibt sich die Augen. Muss der Bundesgerichtshof auf solche Selbstverständlichkeiten eigens hinweisen? Waren Betrug und Täuschung durch Makler vor dem 22.9.2005 nicht verboten?

Tatsächlich arbeiten Makler in Deutschland immer noch in einem fast rechtsfreien Raum. Es gibt drei sehr kurze Paragrafen im BGB (§§ 652–654). Und die verpflichten weder Makler noch Auftraggeber zu irgendetwas. Der Makler muss nicht tätig werden. Und der Auftraggeber kann dem Makler jederzeit kündigen und selbst verkaufen. Oder gar nicht verkaufen. Und während Frankreich und Spanien für den Beruf des Maklers ein abgeschlossenes Hochschulstudium verlangen, konnte bis 1972 in Deutschland buchstäblich jeder als Immobilienmakler arbeiten und sich auch so nennen. Dann wurde der Paragraf 34c in die Gewerbeordnung eingefügt. Seitdem muss man immerhin beim Gewerbeamt eine Erlaubnis einholen. Und diese wird abgelehnt, wenn man »in den letzten fünf Jahren vor Stellung des Antrags wegen eines Verbrechens oder wegen Diebstahls, Unterschlagung, Erpressung, Betrugs, Untreue, Geldwäsche, Urkundenfälschung, Hehlerei, Wuchers oder einer Insolvenzstraftat rechtskräftig verurteilt worden ist«.

Wie beruhigend. Nur – was ist dann mit Christian »Crille« Völkers, dem Chef des größten deutschen Immobilienmaklers Engel & Völkers? Immerhin ist er rechtskräftig wegen Beihilfe zur Untreue verurteilt, und zwar zu 380 000 Euro Geldstrafe. Und er arbeitet immer noch. Wir können nur vermuten, dass er die Erlaubnis schon vor 30 Jahren erhalten hat. Zum Glück wird das ja nicht jedes Jahr erneut überprüft.

Das Gewerberecht schreibt außerdem vor, dass man nicht pleite sein darf, bevor man mit dem Makeln loslegt. Das war's. Irgendeine Form von Befähigungsnachweis – Prüfung, Diplom, Ausbildung, Abschluss – wird nicht gefordert. Sie können einen Kurs zum »Immobilienwirt« machen – »praxisnah und bequem von Zuhause«. Zwölf Monate. Oder an einem Wochenende. Sie müssen aber nicht.

Im Gegenzug verlangen unsere Makler die höchsten Provisionen ganz Europas. Dreimal mehr verdient ein deutscher Makler am Verkauf einer Eigentumswohnung als seine Kollegen in England, Irland oder den Niederlanden. Denn so wenig das BGB Pflichten festlegt oder eine Ausbildung verlangt, so wenig setzt es Obergrenzen für die Courtage.

Und nun die grausigste Pointe. Der Verkäufer beauftragt ja den Makler. Der Makler soll dessen Wohnung oder Haus so teuer und so schnell wie möglich losschlagen. Juristen sprechen von der »Interessenidentität« von Verkäufer und Makler. Je höher der Preis, desto höher die Provision, logisch. Dennoch müssen in Berlin, Bremen, Brandenburg und Hessen die *Käufer* die volle Provision zahlen. In den restlichen Bundesländern immerhin noch zur Hälfte. Überflüssig zu erwähnen, dass fast überall sonst auf der Welt der *Verkäufer* den Makler zu bezahlen hat.

Keine Rechtsgrundlage, keine Ausbildung, keine Pflichten, keine Obergrenzen – kein Wunder, dass es schon zu unendlich vielen Prozessen kam: »Das deutsche Maklerrecht hat zu einem riesigen Arbeitsbeschaffungsprogramm für Gerichte und Rechtsanwälte geführt. Zeitweise gab es beim Bundesgerichtshof einen eigenen Maklersenat. Auch das OLG München hatte einen eigenen Maklersenat. Von 1976 bis 2004 gab es 169 Urteile des BGH und 420 Urteile der Oberlandesgerichte zum Maklerrecht.« (Erwin Sailer, *Der Immobilienmakler*, S.23)

Der Makler Peter B. hatte übrigens Glück. Der Bundesgerichtshof hatte ihm zwar die Pflicht auferlegt, der Täuschung des Käufers entgegenzutreten. Man konnte Peter B. aber nicht zwingend beweisen, dass er davon gewusst hatte. Er durfte seine Provision behalten.

IV.

Grundkurs Käuferschulung

Für eine gute Immobilie und eine sanftmütige Frau
lohnt es sich zu warten.

(Dänemark)

Nein, ich lasse Sie nicht allein. Und begnüge mich nicht mit Kritik. Ich bereite Sie vor auf alle Hürden, die Sie erwarten könnten auf Ihrem langen Weg zum Eigenheimglück. Lernen Sie, Immobilienanzeigen in Zeitungen zu dechiffrieren, Maklerexposés zu verstehen, Fakes und Abzockerangebote zu erkennen und Spaß bei Wohnungsbesichtigungen zu haben. Werfen wir zunächst einen Blick in die Zeitung.

A) ZWISCHEN HAIKU UND FESTPLATTENRECORDER-GEBRAUCHSANLEITUNG: DIE ZEITUNGSANNONCE

»Wenn ich Ihnen übermäßig klar erscheine,
müssen Sie mich falsch verstanden haben.«

Alan Greenspan

4-Zi. ETW, 96 qm, HP, Bj. '60, mod. EBK, G-WC, VB,
m. kl. SW-Blk., TG-Stpl., ct.-fr, ruh. Lg., nh. HC, VK, KP
398.000€ VB.

Alles klar so weit? Wohnungsannoncen gleichen japanischen Kurzgedichten – den Haikus, die in äußerster Verknappung die Wirklichkeit verdichten. Bis was übrig bleibt? Nun ja – Rätselraten. Unverständnis. Ehrfurcht. Das ist schließlich wichtig, wenn man seine Lebensersparnisse für ein hässliches Reihenhaus in Hamburg-Schnelsen hergeben soll.

Aber es gibt natürlich auch einen rein praktischen Grund. Für den Text:

> »Doppelhaushälfte mit großem Garten, 142 Quadratmeter Wohnfläche, 32 Quadratmeter Nutzfläche, Vollkeller, Vollbad, Gäste-WC, moderne Einbauküche, Baujahr 1988, ruhige Lage, verkehrsgünstig gelegen, courtagefrei, von und an privat zu verkaufen, Kaufpreis 798.000 € (Verhandlungsbasis)«

fordert die große Hamburger Tageszeitung in ihrer Samstagsausgabe 97,85 Euro. Für den Text:

> »DHH m. gr. Gart., 142 m2 Wfl., 32 m2 Nfl., VK, VB, GWC, mod. EBK, Bj. 88, ruh. Lg., verk., ct.-fr, v/a priv., KP 798.000 € VB v/a priv.«

lediglich 43,49 Euro. Das war über Jahrzehnte das Geschäftsmodell der deutschen Presse. Und der Grund für unverständliche Bleiwüsten im Immobilienteil.

Sage noch mal einer was gegen das Internet. Für diejenigen Leser, die immer noch überteuerte Print-Anzeigen schalten und lesen, hier eine kleine Erläuterung der gebräuchlichsten Abkürzungen:

a. A. → aus Altersgründen
Abstr. → Abstrus
beh. → behaart
Bes. → Besucher
Blk. → Billige Kücheneinrichtung
Bj. → Bauernjurte
BK → Billige Klitsche
ca. → computeranimiert
DG → Dunkle Garage
Du. → Durchbruch
DuBa → Duisburger Bauvorschriften
DHH → Durchsichtiger Handtuchhalter
Doppel-Gar. → Doppel-Gardinen
EBK → Erotische Besenkammer
EG → Elterngrab
EFH → Eternit-Fassaden-Haus
EKZ → Eng Kalt Zugig
ETW → Ein-Tür-Wohnung
erschl. → erschlagen
ex. → existierend
Fe.-Apt. → Feuer-Alarmpolizist
Fuß-Hzg. → Fußball-Herzog
Gar. → Garderobe
Gartenant. → Gartenantenne
gepfl. → gepflanzt
geschn. → geschnorchelt
Grundst. → Grundstörung
gt. → garantiert
G-WC → Gläubige Weihrauch-Christen
Hobbyr. → Hobbyruine

Hk. → Höhlenkunst

HP → Handgewebter Perserteppich

Hs. → Holzschuppen

HWR → Holzwurmresidenz

Hzg. → Holzkohlegrill

kl. → klimatisiert

Ka. → Kaltwasser vorhanden

Kellerra. → Kellerrasen

KM → Kalte Maisonettewohnung

KP → Kräftige Provision

Kft.-Whg. → Kraftsport-Wohngymnastik

KfW → Kaltwasser für Warmduscher

kompl. → kompliziert

Lg. → Lärmgeschützt

Kt. → Karpfenteich

ME → Maximale Erniedrigung

MFH → Mehrfamilienhölle

mod. → moderig

m. gr. Blk. → mit grauen Balken

MM → Miniatur-Maße

mtl. → mehrteilig

NK → Nasser Keller

NKV → Neuwertiges Katzenverließ

Nutzfl. → Nutzfliegen

Pk. → Pilzkrankheit

Prov. → Proviant

ren. → renitent

renov. → renovierungsbedürftig

RH → Rissige Hauswände

ruh. → ruhestörend

Sackg. → Sackgesicht

Seebl. → Seeblockade

ST → Schweinetrog

Südlg. → Südländische Gastronomie

S-W-Grundstück → Schlick-Watt-Grundstück

Teek. → Teekanne

Terr. → Terrarium

o. Ä. → ohne Ästhetik

OG → Ohne Garten

prov.-fr. → provisorisch-frisiert

v/a → verrottet/abbruchreif

V-Bad → Veganer-Badezimmer

verkehrsg. → verkehrsgebeutelt

verm. → vermeintlich

VB → Viertüriger Bus

VK → Vereinsküche

Waschm. → Waschmuffel

WE → Waschen erlaubt

Wfl. → Wärmflasche

Whg. → Weitläufiger Hundegarten

Wohnfl. → Wohnflöhe

WoZi → Wochenzirkus

zent. → zentralafrikanisch

Zi. → Ziegen

zzgl. → zwischenzeitig ganz leerstehend

ZFH → Zentrale Friedhofshalle

Zust. → Zustellbezirk

Ich bin mir sehr wohl bewusst, dass die Aufzählung unvollständig ist. Tausende von Immobilienanzeigen habe ich für dieses

Buch gelesen, doch täglich kommen neue Abkürzungen hinzu.
Am Ende habe ich folgende Anzeige aufgegeben:

> Eimsb.: Unmod. lt. STW, 76 qm, 4 dkl. Zi., s.kl. WZ, ver-
> alt. EBK, hässl. VB, schm. Gä.-WC, fcht. Schlafz., verw.
> Grundr., k. Blk., k. Stlpl., o.G., unsan., Pr. a. A., v/a priv.,
> a. s. fr. Mail: dklwhg@web.de

Sollte heißen:

> Eimsbüttel: Unmoderne, laute Souterrainwohnung, sehr
> kleines Wohnzimmer, veraltete Einbauküche, hässliches
> Vollbad, schmutziges Gäste-WC, feuchtes Schlafzimmer,
> verwinkelter Grundriss, kein Balkon, kein Stellplatz, ohne
> Garten, unsaniert, Preis auf Anfrage, von/an privat, ab
> sofort frei. Mail: dunklewohnung@web.de

Ich hätte nicht gedacht, dass überhaupt irgendjemand bereit
wäre, eine so ehrliche Anzeige zu veröffentlichen. Aber weit
gefehlt! Immonet veröffentlichte sie anstandslos (»Kontakt: A.
Derwisch«), und auch die größte Hamburger Tageszeitung ließ
sich nicht lumpen:

> **Eimsbüttel**   4   76   Preis auf Anfrage
> Unmod. lt. STW, 76qm, 4 dkl. Zi, s.kl. WZ,
> veralt. EBK, hässl. VB, schm. GäWC, fcht.
> SZ, verw. Grdst, k. Blk, k.Stlpl, o.G., unsan.,
> a.s.fr., v/a priv., dklwhg@web.de v.pr. Tel.
> ▬▬▬▬▬▬   **Immonet-Nr. 21280823**

Dass sich aber über 40 Leute darauf gemeldet haben, um Infomaterial zu bekommen und die »unmoderne, laute Souterrainwohnung« zu besichtigen – das hätte ich nicht gedacht.

»Sehr geehrter Herr Derwisch, ich habe Interesse an näheren Informationen zu der von Ihnen angebotenen Souterrainwohnung in Eimsbüttel und wäre dankbar, wenn Sie mir hierzu nähere Angaben oder ggf. ein Exposé zuschicken könnten (Kaufpreis, Lage, etc.)«, mailte Ole F. an dklwhg@web.de. Er wäre dankbar – für das hässliche Vollbad? Oder für die veraltete Einbauküche?

Natürlich meldeten sich auch zwei Makler (schließlich hatte ich geschrieben »von/an privat«): »Mein Name ist Agnes Kieslowski von der Maklerfirma Immo-Premium Hamburg. Zur Zeit suchen wir dringen für Mitarbeiter bedeutender Hamburger Konzerne sowie für Kapitalanleger Wohneigentum im direkten Umfeld ihrer Immobilie Unverbindlich einmal anzuschauen, um es dann bei Bedarf unseren Auftraggebern anzubieten.« Davon abgesehen, dass ein »d« und ein Halbsatz fehlen – Mitarbeiter bedeutender Konzerne bevorzugen demnach feuchte Schlafzimmer und verwinkelte Grundrisse? Bedenken räumte sie gefühlvoll aus: »Kosten oder irgendwelche Verpflichtungen würden für Sie dadurch nicht entstehen und es geht uns selbstverständlich auch nicht um einen schriftlichen Maklerauftrag.« Selbstverständlich! Der ist für die Provision ja auch entbehrlich.

Sophie-Marie Plattgen legte sich schleimtechnisch noch mehr ins Zeug: »Sehr geehrter Herr Derwisch, ich habe Ihre sehr interessante und privat angebotene Immobilienanzeige gelesen. Gerne hätte ich mich persönlich, telefonisch, bei Ihnen vorgestellt, aber da dies leider nicht möglich ist, schicke ich Ihnen mit dieser Mail unsere Kontaktdaten zu. N & E Immobilien ist auf dem Gebiet der Vermittlung und Vermietung von Immobilien in gefragten Wohnlagen spezialisiert.« Auf dem Gebiet spezialisiert? Nicht ganz verstehen. Aber jetzt wird es erst richtig spannend: »Aus bereits getätigten Immobilienverkäufen verfügen wir über Suchkunden, die eventuell Interesse an Ihrer Eigentumswohnung haben könnten.« Wie kann man aus getätigten Verkäufen über Suchkunden verfügen? Wenn man an jemanden verkauft hat, dann gehört diesem schließlich bereits eine Wohnung, oder? Egal, sie quatschte einfach weiter: »Können Sie uns die genaue Anschrift, weitere Bilder und einen Grundriss zur Verfügung stellen? Wie hoch liegt Ihre Kaufpreisforderung?«

»Weitere Bilder« ist gut – ich hatte kein einziges Foto hochgeladen. Wie auch – die Wohnung war ja frei erfunden. Aber Frau Plattgen ist nicht zu stoppen: »Gerne dürfen Sie uns auch weiterempfehlen, wenn Sie jemanden in der Familie oder im Freundes- und Bekanntenkreis kennen, der seine Immobilie verkaufen oder vermieten möchte.«

Natürlich – wen würde ich lieber weiterempfehlen als eine Maklerin, die Anzeigen so sorgfältig liest wie Frau Plattgen von N & E Immobilien. N & E – naiv und einfältig?

Nur ein Einziger hat den Humor verstanden. Hans S. schrieb:
»S. g. D. + H.,
Bitte u. Übers. weit. Inf., v. a. auss. Exp. u. PV.
MfG
HS«

B) ZWISCHEN MÄRCHEN UND FANTASY-EPOS: DAS MAKLEREXPOSÉ

Die Wahrheit in einem Maklerexposé zu erwarten ist
wie Indianer in einem Science-Fiction-Film zu suchen.

(Kalifornien)

Es gibt vier große Gattungen der Literaturgeschichte: Gedicht, Drama, Roman – und Maklerexposé. Nur wer die ersten drei meisterlich beherrscht, so heißt es, kann sich an die vierte wagen. Selbst dann bleibt der Erfolg ungewiss. Rilke, der mit Ende 50 nicht mal ein Exposé für eine kleine, renovierungsbedürftige Erdgeschosswohnung in Düsseldorf hinbekam, schrieb kummervoll an seine Gönnerin Elsbetha Gräfin von Langenau: »Ein Maklerexposé ist ein Ding zu lang, zu groß und zu schwer für ein Leben, und selbst die, welche ein großes Alter haben, sind erst Anfänger in ihm.« Wo er recht hat, hat er recht.

In ihren Exposés verwenden Makler eine Geheimsprache, deren Trick darin besteht, dass man zunächst glaubt, die Wörter zu verstehen. Bei der Besichtigung stellt man fest, dass man sich total geirrt hat. Makler geben dem Poeten gleich ihren Wörtern einen zweiten, tieferen, teilweise sogar entgegengesetzten Sinn. Vergleichbar dem elfenhaften Traumprinzen aus dem Parship-Profil, der sich beim ersten Date als vergreister Fettsack herausstellt. Oder den Arbeitszeugnissen, in denen dem Alkoholiker bescheinigt wird, er habe für ein gutes Betriebsklima gesorgt.

Die folgende Liste ist in beklagenswerter Weise unvollständig. Makler sind wie sprachliche Wiesel: Täglich fällt ihnen neuer Mist ein, den sie schamlos in ihre vierfarbigen Exposés und Exposé-Anzeigen hineinschreiben, geschult an Orwells Roman

1984, wo das riesige Innenministerium mit mächtiger Folterabteilung »Ministerium der Liebe« heißt. So führt ein gerader Weg vom *Doublethink* zum *Maklerspeak*.

Ankleide → Zu kleiner und daher nicht nutzbarer Raum.

Areal → Besonders trostloses Grundstück. Meist in unbewohnbarem Vorort.

Ausbaureserve im Spitzboden → Sind Sie über 1,80 Meter? Dann vergessen Sie's.

Belle-Époque-Villa → Walmdachbungalow.

Bereits 50 Prozent verkauft → Noch hat niemand angerufen.

Bestlage → Bahnhofsviertel.

Bewährte Bauqualität → Feuchter Keller.

Blicklage → Man hat einen Ausblick. Worauf, verraten wir lieber nicht.

Dachterrasse → Wegen Dauerwind nicht nutzbare Fläche.

Designfußboden → Laminat.

Deutsche Bauausführung → Ein halbes Jahr zu spät, 50 Prozent über dem Kostenvoranschlag.

Direkt am weißen Ostseestrand → Jede Sekunde werden zehn Kubikmeter Quallen angeschwemmt.

Diskrete Abwicklung → Schwarzgeld erwünscht.

Domizil → Überteuertes Haus.

Echter Seeblick → Wandgroße Fototapete.

Familiengerecht → Handtuchgarten und zwei halbe Zimmer im Obergeschoss.

Feldrandlage → Kostenloser Treckerblick.

Fitnesswohnung → Fünfter Stock ohne Fahrstuhl.

Für Individualisten → Normale Kunden lachen immer nur schrill auf. Aber was ist mit Ihnen?

Für Handwerker geeignet → Bruchbude. Sie wundern sich über den Preis? Hier muss wirklich *alles* neu gemacht werden.

Für Ruhe suchende Naturliebhaber → Direkt an der A7.

Fußbodenbeläge in Holzoptik → Billig-Laminat.

Gebäudekörper → Gebäude.

Gated Community → Manchmal leben sogar Reiche in einge-zäunten Lagern. Nur ist das bei Ihnen freiwillig. Und besonders teuer. Merkwürdige Welt.

Gratisprospekt → Die anderen Makler nehmen dafür Geld. Bei uns gibt es diese informationslosen Zettel umsonst!

Größter aktueller Wachstumsmarkt → Schlecht gepflegte, leer stehende Seniorenanlage.

Grün eingebettet → Mit Unkraut zugewuchert.

Gute Anbindungen in verschiedene Richtungen → Irgendwo in Niedersachsen, fernab jeglicher Zivilisation.

Haus mit Potenzial → Schrottimmobilie.

Hell → Künstliche Beleuchtung erforderlich.

Ideal für Singles → Kleinstwohnung.

Idyllisch → Ohne Verkehrsanbindung.

Immobilienbestandshalter → Klingt nicht ganz so krakenartig wie » Vermieter «.

Im Sommer einziehen! → Im Sommer in zwanzig Jahren.

In zentraler Flanierverbindung → Zum Davonlaufen.

Interieur → Innenausstattung. Grundsätzlich entweder »klassizistisch« oder »inspiriert« oder »hochwertig«. Meistens »hochwertig und klassizistisch inspiriert«

Individuell → All das, was dieser genormte Townhouse-Quatsch vom sehr erfahrenen Projektentwickler *nicht* ist.

In-Room-Spa → Badewanne.

Kellerersatzraum → Was ist das? Ein Dachboden? Erkundigen

Sie sich bitte bei meravis. mensch raum vision. Ganz wichtig: Alles kleinschreiben!

Kernsaniert → Einmal übergepinselt.

Kostenlose Preisanalyse und Marktwertschätzung → Also ... ich sach mal ... so Pi mal Daumen ... zwischen 270 000 ... und 430 000 ... so um und bei ... kommt auf den Käufer an ... gibt ja auch Liebhaberpreise ...

Kurzfristig frei lieferbar → Jahrelang leerstehend.

Lichtdurchflutet → Mit Fenster.

Liebhaberpreis → Wucherpreis für Provinz-Kunden.

Naturgrundstück in Alleinlage → Einbrecher, hierher!

Naturteich → Wasserloch mit dicker Schicht Entengrütze.

Neuwertig → Uralt.

Mit geringem Aufwand zu sanieren → Lebenslange Leibrente für die beteiligten Handwerker.

Moderner Bürokomplex → 95 Prozent Leerstand. In den fünf Prozent wohnt der gewalttätige Hausmeister.

Modulbauweise → Preisgünstige, seelenlose Quader, die aussehen wie Regierungsgebäude in Nordkorea.

NewFamilyHome → Einfamilienhaus.

Objekt der Woche → Ladenhüter des Jahres.

Outdoor-Pool → Schwimmbecken, dessen Wasseroberfläche mit Blättern und toten Fliegen übersät ist.

Panorama-Erker → Unpraktische Raumecke mit sehr kleinem Fenster.

Reihenhaus zum Selbersanieren → Asbestverseuchtes 1970er-Jahre-Monstrum mit Pflegestufe-III-Nachbarn.

Restarbeiten noch erforderlich → Von Unkraut überwucherte, zugemüllte Bauruine.

Rohbauzustand → Sämtliche Zimmer stehen voll mit Balken,

Baumaterial, Farbeimern, Lackbehältern, Müll und jeder Menge Werkzeug.

Rooftop-Terrasse → Terrasse auf dem Dach Früher: Dachterrasse.

Runden das Angebot ab → Gesetzlich vorgeschriebene Formulierung für das Ende eines Maklerexposés.

Schlüsselfertig → Die Baumängel sind derart gut unter Putz versteckt, dass sie erst nach Ablauf der Gewährleistung sichtbar werden.

Sehr erfahrener Projektentwickler → Weiß, wie er Sie einwickeln kann.

Sie werden begeistert sein → Sie sind meine letzte Hoffnung.

Sofort frei lieferbar → ICH WERD'S NICHT LOS! ICH HABE FRAU UND KINDER!! BITTEEEEEEE!

Soft House → Passivhaus mit textilem Solardach.

Sportzimmer → Ungenutzter Raum.

Strandnah → Hinter einem drei Kilometer breiten Dünengürtel, den man aus Naturschutzgründen nicht betreten darf.

Supermodern → Bungalow mit Garage.

Optisch in einem guten Zustand → Mit grünem, blauem, lila und pinkfarbenem Graffiti zugeschmierte Hausfassaden.

Ortstypischer Charme → Die anderen Häuser dort sind genauso hässlich.

Penthouse → Ständig an der Pleite entlangschrammendes Männermagazin.

Prominentenvilla → Wenn Sie abends nach Hause kommen, grillen Lothar Matthäus, Eckart von Hirschhausen und Jens Riewa in Ihrem Wohnzimmer. Wollen Sie das wirklich?

Steigerung → Resthof in Ost-Brandenburg.

Schnäppchen für Wanderfreunde → Sie können für 37 Euro pro

Nacht eine Ferienwohnung im Oberharz mieten, wenn Sie dort mal wandern. Oder aber diese Wohnung für 37 000 Euro kaufen. Plus Erwerbsnebenkosten. Naaa?

Sehr ruhig → Gut geeignet für Geldfälscher, Menschenhändler und Drogenschmuggler.

Sehr zentral → Etwas abgelegen.

Showroom → Musterwohnung, in der ein Praktikant in schlecht sitzendem Anzug seine Verkaufsphrasen ausprobiert. Ach, das ist gar nicht der Praktikant? Das ist der Chef! Na gut ...

Skydeck → Merkwürdig geformtes Dachgeschoss.

Stadtnah → Es ist nicht am Arsch der Welt. Aber man kann ihn von dort aus gut erkennen.

Stadtvilla → Früher: Mondäner Wohnluxus für den erfolgreichen Großbürger. Heute: Hässlicher Neubauklotz mit fünf Eigentumswohnungen.

Teichblick → Antidepressiva im Preis inbegriffen.

TOPLAGE → »PLAGE« ist klar. Aber was bedeutet »TO«?

Übergabe kurzfristig möglich → Auf dem Ding sitzen wir schon seit Jahren.

Viele Extras → Hatte keine Lust, mir das Ganze mal genauer anzuschauen.

Vielseitig nutzbar → Für nichts zu gebrauchen.

Verkehrgünstig gelegen → Im Dreieck zwischen Autobahn, Einflugschneise und ICE-Trasse.

Vor den Toren Münchens → In Regensburg.

Wassergrundstück → Ein Grundstück, das auf dem Wasser liegt. Nicht wirklich praktisch. Typisch für Engel & Völkers, dass die so was trotzdem verkaufen.

Weitgehend modernisiert → Wassertoilette im Haus. Dunstabzugshaube in der Küche. Im Keller steht ein Luftentfeuchter.

Wellness-Bad → Sitzbadewanne.

Wir freuen uns auf Ihren Anruf → Es ist merkwürdig still hier im Büro.

Wohlfühlebenen → Stockwerke.

Wohnambiente → Sterile Inneneinrichtung. Möglichst EBK.

Wohnlicher Vollkeller → Bitte verständigen Sie unverzüglich die Kriminalpolizei.

Wohnoase → Überteuerte Wohnung.

Zahlreiche Einbauschränke → Vom Vorbesitzer nachhaltig verunstaltet.

Zentral → Ländlich gelegen.

Zinshaus → Mietshaus, das keine Zinsen abwirft.

Zurzeit in Renovierung → Die Handwerker wohnen dort bereits seit Jahren.

2 Gehminuten → Eine halbe Stunde mit dem Auto.

20 Autominuten → Eine Stunde mit dem Flugzeug.

100 Prozent vermietungsfertig → Käufer verzweifelt gesucht. Wir gehen auch 50 Prozent im Preis runter!

C) »DÜRFTE ICH DAS MAL AUSMESSEN?«: WOHNUNGSBESICHTIGUNGEN AUFPEPPEN

Du sollst nicht vermakeln Deines Nächsten Haus, Hof, Feld, Weib, Rind, Esel, und alles, was des Nächsten ist.

(2. Buch Mose, 20,17)

Es ist klar, was der Makler will: Er möchte Sie möglichst schnell durch die Wohnung schleusen und danach eine Unterschrift kassieren. Und es ist klar, was Sie wollen: Das Maximum – oder gar nichts. Und ein bisschen Spaß beim Makler-in-den-Wahn-sinn-Treiben.

Fragen Sie den Makler gleich zu Beginn, welche Schule und Hochschule er besucht, welche spezielle Ausbildung zum Immobilienfachmann er an welchem Institut absolviert hat und mit welchem Abschluss. Fragen Sie, wie genau er sich für gewöhnlich mit den Objekten befasst, die er vermakelt, und wie genau er sich mit diesem Objekt befasst hat. Lächeln Sie dabei nicht. Betreiben Sie keinerlei Smalltalk! Boykottieren Sie kumpelhafte Anbiederungsversuche (Fußball, Formel 1, Wetter). Holen Sie stattdessen eine extrem lange Liste mit Fragen und eine Checkliste aus Ihrem Aktenkoffer, die Sie äußerst gründlich Punkt für Punkt mit ihm durchgehen. Jede Antwort des Maklers protokollieren Sie schriftlich in einem eigens dafür angefertigten Formular. Schreiben Sie per Hand, sehr sorgfältig und sehr langsam. Allein dafür wird er Sie hassen. Für ihn ist Zeit Geld.

Jetzt gehen wir zu Ihrem zweiten Folterinstrument über: Fragen Sie, ob Sie Fotos machen dürfen. Das wird er nicht ablehnen. Fotografieren Sie anschließend jede Wand, jedes Einrichtungsdetail, jeden Boden und jede Decke in allen Räumen inklusive Dachboden, Keller und Fahrradraum. Wechseln Sie immer wieder das Objektiv, bitten Sie den Makler, aus dem Bild zu gehen oder eine Lampe für Sie zu halten.

Es folgt das dritte Folterinstrument: der Zollstock. Lassen Sie sich zu Beginn einen Grundriss aushändigen und messen Sie jede Distanz und jede einzelne Fläche genau nach. Differenzen finden sich immer. Fragen Sie, wie es dazu kommen konnte. Blicken Sie ihn abwechselnd sorgenvoll, empört und übellaunig an.

Weiter geht's mit dem vierten Folterinstrument: Setzen Sie sich an den Küchentisch und gehen Sie die Protokolle der letzten zehn Wohnungseigentümerversammlungen Seite für Seite durch. Um diese haben Sie ihn bereits im Vorfeld gebeten. Fotografieren Sie manche Seiten. Stellen Sie Fragen zum Ablauf einzelner Sitzungen.

Testen Sie sein Wissen. Lassen Sie sich alle Renovierungen schildern, die im Haus in den letzten 110 Jahren durchgeführt wurden. Fragen Sie alle denkbaren Details ab: Wie hoch ist das Wohngeld? Wie viel bekommt der Hausverwalter? Wie hoch ist die Instandhaltungsrücklage? Was ist mit Dach, Keller, Fassade? Auf welchem technischen Stand sind Schallisolierung und Wärmedämmung? Wer wohnt sonst noch in dem Haus? Wie ist das Klima in der Eigentümergemeinschaft?

Bekunden Sie schließlich vorsichtig Interesse und fragen Sie, wann Sie mit Fachleuten zu weiteren Besichtigungen kommen können – TÜV, Architekt, Baustatiker, Schadstoffexperte, Schädlingsfachmann. Machen Sie für jeden Experten einen eigenen Termin aus. Falls der Makler Sie loswerden will, lassen Sie durchblicken, dass Sie entweder sehr eng mit der örtlichen Verbraucherzentrale zusammenarbeiten oder den Chefredakteur der Lokalzeitung kennen.

Fragen Sie den Makler beim Verlassen des Grundstücks, ob er Ihnen zum nächsten Treffen eine Schufa-Auskunft und ein Führungszeugnis von ihm selbst, dem Eigentümer sowie dem Hausverwalter mitbringen kann. Spätestens in dem Moment wird er ausflippen. Bleiben Sie jetzt unbedingt ruhig! Holen Sie wieder die Kladde aus Ihrer Aktentasche und notieren Sie sämtliche Flüche und Beleidigungen, die ihm nach Ihrer nervigen Schlussfrage rausgerutscht sind. Fragen Sie Ihn, ob Sie auch die

Tonbandaufzeichnung verwenden dürften, die Sie von dem Gespräch gemacht hätten. Und ob Sie seine Zitate verwenden dürften in dem Buch über Auswüchse am Immobilienmarkt, das Sie im Herbst in einem großen deutschen Verlag herausbringen werden.

Sie werden es lieben!

D) KAUFWILLIGE! BITTE! BEACHTEN!

Ich werde dies hier nur ein einziges Mal sagen. Auch wenn ich weiß, dass Sie nicht einen dieser Tipps beherzigen werden. Im festen Glauben, dass Sie nie auf einen Betrüger hereinfallen, sich niemals von einem Bauträger an der Nase herumführen und von einem Makler über den Tisch ziehen lassen würden. Sie doch nicht. Trotzdem werde ich Ihnen das Folgende sagen. Niemand soll behaupten, er habe es nicht gewusst:

1. Schließen Sie niemals einen Bausparvertrag ab.
2. Belegen Sie einen Kurs bei der Verbraucherzentrale über den Kauf von Immobilien und deren Finanzierung.
3. Lesen Sie das Buch: *Kaufen oder mieten? Wie Sie für sich die richtige Entscheidung treffen.*
4. Wenn Sie dann immer noch kaufen wollen, lesen Sie bitte: *101 Fallen auf dem Weg zur eigenen Immobilie* und *Kostenfallen beim Immobilienkauf.*
5. Finanzieren Sie nicht übers Internet. Nehmen Sie eine Bank, aber lassen Sie sich von dieser niemals als Bittsteller behandeln. Machen Sie sich immer klar, dass die an Ihnen richtig Geld verdienen.

6. Keine Bausparfalle. Keine Doppelverträge. Keine Voll- oder Überfinanzierung. Schließen Sie einfach ein möglichst langfristiges Annuitätendarlehen mit ausreichend hoher Tilgung ab. Fordern Sie möglichst häufige und hohe Optionen zur Sondertilgung. Das spart enorm viel Geld.

7. Fordern und nutzen Sie alle Möglichkeiten günstiger Zuschüsse und Kredite über die KfW und regionale Förderprogramme. Lassen Sie sich von der plötzlichen Unfreundlichkeit Ihres Beraters nicht irritieren.

8. Erwägen Sie einen Kauf niemals, um Steuern zu sparen oder wegen der niedrigen Zinsen.

9. ... und nur, wenn Sie mindestens 20 Prozent Eigenkapital und einen sicheren Job haben.

10. Und nie »der Kinder wegen«. Kinder können mit Handtuchgärten rein gar nichts anfangen. Sie mögen weder öde Vororte noch triste, infrastrukturfreie Landgegenden. Kinder freuen sich über andere Kinder in der Nachbarschaft und einen Sportverein um die Ecke sowie einen fußläufigen Schulweg. Ich wäre weiß Gott lieber in der Stadt aufgewachsen als in der Gemeinde Bokholt-Hanredder, deren kulturelles Zentrum die Tankstelle Kuschert war.

11. Lassen Sie eine gebrauchte Immobilie von einem bis zur Nervigkeit peniblen Fachmann prüfen. Am besten von einem Schwaben. Lesen Sie vorher alles über Asbest, Schimmel, Formaldehyd, Schwamm, Mineralwolle, Holzschutzmittel und PCB.

12. Führen Sie freundliche Gespräche mit sämtlichen Nachbarn. Sie wollen weder neben einem sexuell frustrierten Kinderhasser noch neben einem grillfeindlichen Rechtsanwalt leben.

13. Holen Sie eine Schufa-Auskunft über Ihren Bauträger und Ihren Architekten ein. Am besten auch über Ihren Baufinanzierer. Ich sage nur: Freddie Mac und Lehman Brothers.

14. Verlangen Sie von Ihrem Bauträger eine Bürgschaft für seine Leistungen. Ungewöhnlich, aber nicht unmöglich. Bieten Sie an, die Gebühren für die Bürgschaft zu übernehmen. Schöner Test.

15. Schreiben Sie jede einzelne Leistung so exakt wie möglich in den Bauträgervertrag. Mit genauen Markenbezeichnungen.

16. ... und dem Fertigstellungstermin. Mit festgelegten Strafzahlungen.

17. Meiden Sie um Gottes willen Kunststofffenster (Schimmel) und Polystyrol-Wärmedämmung.

18. Verhandeln Sie. Verlangen Sie zum Beispiel, dass der Bauträger sich an den Notarkosten beteiligt. Er braucht Sie nötiger als Sie ihn.

19. Lassen Sie sich die Wörter »Auflassung« und »Gewährleistung« so lange von Ihrem Notar erklären, bis Sie sie verstanden haben.

20. Nichts und niemals unter Zeitdruck unterschreiben. Keine Reservierungsvereinbarung, keinen Kaufvertrag und auch keinen Darlehensvertrag.

21. Falls Sie bauen: Erscheinen Sie alle drei Tage auf der Baustelle und messen Sie alles selbst nach.

22. Nehmen Sie jemanden vom TÜV mit zur Abnahme.

23. Ganz wichtig: Treffen Sie mit Ihrer Frau die Vereinbarung, dass Sie sich während Suche, Bau und Umzug nicht scheiden lassen. Egal, was passiert. Wenn alles fertig ist, laden Sie sie nach Venedig ein. Und bitten Sie mit Riesenblumen-

strauß, die 300 cholerischen Ausbrüche auf der Baustelle einfach zu vergessen.

24. Lieber ein Ende mit Schrecken als ein Schrecken ohne Ende! Sind Sie an ein vermurkstes Objekt geraten, verkaufen Sie möglichst schnell und nehmen sich wieder vollkommen stressfrei und flexibel eine Mietwohnung.

V.

Grundkurs Verkäuferschulung

Wer Mitleid mit einem Käufer hat,
kann keine Wohnung vermakeln.

(Aserbaidschan)

Auch angehende Makler möchte ich mit diesem Buch nicht im Stich lassen. Es gibt bereits 35 000 Immobilienmakler-Unternehmen in Deutschland. Gründen Sie das 35 001! Denken Sie immer daran: Das, wofür andere Leute ein ganzes Jahr arbeiten, können Sie an einem Tag verdienen. Dabei müssen Sie allerdings einige Grundregeln beachten. In diesem Kapitel zeige ich Ihnen, wie Sie an Ihre Objekte kommen, wie Sie sie professionell anpreisen und vor allem, mit welchen Tricks Sie sie zu überhöhten Preisen verticken können.

A) VISITENKARTE STATT STUDIUM: DIE VORBEREITUNG

Das ist das Beste an allem: Wie Sie bereits wissen, benötigen Sie keinerlei Vorbereitung. Mühsame Ausbildungen, Studiengänge, Prüfungen, Prüfungsangst oder Prüferbestechung – das alles entfällt für Sie. Gut, Sie könnten sich beim Fachinstitut für Immobilienwirtschaft zum geprüften Immobilienmakler ausbilden lassen, innerhalb von sechs Tagen. Das kostet Sie allerdings

1598 Euro – plus Mehrwertsteuer. Und Sie müssten sich mit solch trockenen Themen befassen wie »Bauschäden und -mängel an Bestandsimmobilien«. Mal ehrlich – wollen Käufer etwas über Schäden und Mängel hören? Der Kunde einer Escort-Dame will schließlich auch nicht wissen, dass sie unter akutem Herpes, Hepatitis B und Pocken leidet. Und im Übrigen: Fragt ein Kaufinteressent den Makler nach seinem Zertifikat? Unsinn. Alles, was Sie brauchen, ist eine Visitenkarte:

»Peter Meier. Makler.«

Zu nüchtern? Okay, dann vielleicht:

»Peter Meier. Immobiliendienstleister.«

Na ja. So richtig knallt es noch nicht. Peter Meier klingt nach Henstedt-Ulzburg. Was Sie wirklich brauchen, ist ein eigenes Unternehmen: »Immobilienlösungen. Geschäftsführer: Peter Meier.«

Nicht schlecht. Aber immer noch zu provinziell. Wollen Sie Bürotürme in Hongkong verkaufen? Aber klar. Also:

»Housing Solutions. Real Estate Agency. Chief Executive Officer: Peter Meier.«

Dazu noch Ihre Handynummer. Das isses! Eine Geschäftsadresse ist entbehrlich. Wozu ein teures Büro anmieten? Mit dem Kunden treffen Sie sich eh am Objekt.

B) »ICH HABE DA EINEN SEHR INTERESSIERTEN KUNDEN«: DIE AKQUISE

Nur: welches Objekt? Das ist die Frage. Zurzeit wollen die Leute um jeden Preis Wohnungen kaufen. Gut für Sie. Aber niemand will *ver*kaufen. Schlecht für Sie. Sie werden also keine Probleme haben, Käufer zu finden – nur das Problem, überhaupt eine Wohnung zu finden, die Sie vermakeln können. Aber was heißt hier Problem? Während Ihre braven und biederen Konkurrenten in ihrem Zertifikatslehrgang »Auftragsakquise und Immobilieneinkauf« diese Themen in der grauen Theorie behandeln, gehen Sie den direkten Weg. Sie verteilen Zettel in den Briefkästen der teuren Wohnviertel, ob jemand seine Immobilie verkaufen will – Sie wären bereit, das kostenfrei zu erledigen. Sie inserieren in allen großen regionalen Tageszeitungen und allen großen Internetportalen:

»Verkaufen Sie Ihre Immobilie zum Spitzenpreis! Nutzen Sie unser professionelles Know-how. 30 Jahre Erfahrung sprechen für sich. Erzielen Sie absolute Liebhaberpreise! Nie war der Zeitpunkt so günstig. Nie war die Nachfrage nach Anlageimmobilien so hoch. Schnelle und diskrete Abwicklung – kostenlose und hochprofessionelle Beratung. Housing Solutions. Our brain for your money.«

Leider wird sich darauf niemand melden. Egal. Machen Sie es so wie alle Kollegen: Rufen Sie morgens um halb acht sämtliche Privatleute an, die in Internet und Zeitung ihre Wohnung oder ihr Haus → von/an privat angeboten haben, und erzählen Sie, ein sehr guter und solventer Kunde, Privatbankvorstand aus Frankfurt, der praktisch jeden Preis zahle, habe größtes Interesse am Objekt. Ob Sie sich das mal für ihn anschauen dürften. Springt der Angerufene darauf an, setzen Sie umgehend selbst seine Immobilie ins Netz und in die Zeitung. Schön groß und auffällig. Und schon haben Sie Ihr erstes Objekt! Alle, die das Objekt über Ihre Anzeige kennengelernt haben, sind Ihnen die volle Provision schuldig! Jetzt gilt es, eine zwingende Anzeige und ein ironiefreies Exposé zu formulieren. Keine leichte Aufgabe.

Untertreiben bringt nichts. Aus der Reihe fallen auch nicht. Maklerexposés und -anzeigen klingen immer gleich. Sie sagen, Sie hatten in Deutsch immer eine Sechs und kriegen das nicht hin? Beste Voraussetzungen! Maklertexte folgen einem kindergarteneinfachen Baukastenprinzip:

1. Designerdomizil oder Bauhauspalazzo:
Der Immobilienname

Für das Naming von Immobilien haben sich unter deutschen Maklern Mindeststandards herausgebildet, an die auch Sie sich halten müssen. Sie sind nach Preisen gestaffelt:

— Bis 3000 Euro pro Quadratmeter werden »Häuser« und »Wohnungen« verkauft. Manchmal auch »Passivhäuser« oder »Eigentumswohnungen«.

— Ab 3000 Euro erfolgt eine einfache Namensaufwertung. Geboten werden »Townhouses«, »Residenzen«, »Altbau-Immobilien« oder »Neubau-Stadthäuser«.

— Ab 5000 Euro reden wir mindestens von »Domizil«, »Penthouse«, »Loft«, »Palais«, »Palast«, »Palazzo«, »Villa«, »Anwesen«, »Juwel«, »Rarität«, »Ensemble« oder »Chalet«, kombiniert mit weiteren, aufwertenden Wörtern wie »Komfort«, »Town«, »Architekten«, »Bauhaus«, »Luxus«, »Designer« oder »Ausnahme«. Der komplette Name lautet am Ende: »Neubau-Ensemble«, »Town-Loft«, »Architekten-Villa«, »Designer-Palais«, »Ausnahme-Anwesen«, »Luxus-Palazzo«, »Bauhaus-Juwel« oder »Komfort-Domizil«.

– Ab 7500 Euro pro Quadratmeter empfiehlt sich folgende Struktur: NA + EE + G + AW. Sprich: Null-Adjektiv plus zwei Ergänzungsworte plus Grundwort plus abschließendes Wortensemble. Also: »Exklusiver Neubau-Designer-Palazzo im toskanischen Stil«, »Einzigartiges LuxusTownLoft im Passivhausstandard«, »Individuelle BauhausArchitektenVilla mit direktem Wasserbezug«.

– Ab 10 000 Euro muss der Kunde so lange mit Superlativen bombardiert werden, bis er seine Festgeldanlagen vorzeitig und mit Verlust auflöst, um *das* hier zu kaufen: »Spektakulär-exklusive AusnahmeLuxusKomfortResidenz in zeitlos-innovativer Eleganz mit unverbaubarem Panorama-Deichblick in exquisiter Ortsrandbestlage. Preis auf Anfrage.«

Dass es sich dabei um einen verrotteten Resthof in Dithmarschen handelt, muss ja niemand wissen. Vielleicht ist der Kunde ein arabischer Investor, der keine Ahnung hat, dass Dithmarschen zu 80 Prozent von arbeitslosen Schnapsleichen bewohnt wird. Und zu 20 Prozent von komasaufenden Nebenerwerbslandwirten.

2. Modern, stimmig, charakterstark: Die Schlüsselrolle des Adjektivs

Was unterscheidet den Makler vom unausgebildeten Privatverkäufer? Das Adjektiv. Der Privatmann inseriert trocken und möglichst kurz:

Billstedt. 2-Zi-ETW, Souterrain, EBK, DuBa, Gä.-WC, 47 qm Wfl., 164.500 €, v/a priv.

Damit ist er die Wohnung allerdings nicht losgeworden. Na ja – trister Prekariats-Stadtteil im Hamburger Osten, kaltes und dunkles Souterrain, verwinkelter Grundriss, Schimmel an und Schwamm in den Wänden – und dann 3000 Euro pro Quadratmeter. Etwas teuer.

Nichts leichter als das! Sie kennen sich in Verkaufspsychologie aus. Und Sie wissen, dass dem Kunden der Mund wässrig gemacht werden muss. Sie ordnen daher jedem Substantiv ein inhaltsfreies, aber anziehendes Adjektiv zu. Ein Nullwort wie: modern, charakterstark, individuell, exklusiv, hochwertig, zeitlos, elegant, ansprechend gestaltet, ruhig, traumhaft, schön, anspruchsvoll, repräsentativ, großzügig, hell, barrierearm, top, sonnig, süß, freundlich, stilvoll, schick, herrlich, supermodern oder stimmig. So wird aus dem öden Zweizeiler folgende poetische Nussschale:

> Exklusives Angebot! Immobilie der Woche. Zentral und ruhig, mitten in Billstedt: Geräumige Eigentumswohnung, sonniges Souterrain, zwei stilvolle Zimmer, moderne EBK, elegantes Duschbad, barrierearmes Gäste-WC. Feinste 47 qm Wohnfläche. KP 164.500 €. Housing Solutions. Real Estate Agency. Wir freuen uns auf Ihren Anruf!

Sie finden das noch zu nüchtern? Ich auch. Und sollte man vielleicht der Ehrlichkeit halber nicht die Nachtspeicherheizung erwähnen? Die niedrigen Decken? Oder dass eins der beiden Zimmer auf einen dunklen Lichtschacht hinausführt, das andere zu einer Hauptverkehrsstraße? Auf keinen Fall! Das schreckt bloß unnötig ab. Pusten Sie das Ganze lieber noch ein bisschen auf:

> Exclusive Offer! Immobilie des Monats. Kaufen statt mieten! Sehr zentral und doch wunderbar ruhig, mitten im herrlichen und aufstrebenden Billstedt: Sehr großzügige und gepflegte Eigentumswohnung, sonnig-freundliches Souterrain. Zwei traumhaft schöne und stilvolle Zimmer, ansprechend gestaltete Einbauküche mit topmoderner Ausstattung, zeitlos-elegantes Duschbad, barrierearmes, charmantes Gäste-WC. Ihre Freunde werden Sie beneiden! Allerfeinste 51,7 qm helle Wohlfühlfläche – auf einer Ebene! Kaufpreis: sensationell günstige 164.500 € plus sehr moderate 6,25 % Maklercourtage. Housing Solutions. Real Estate Agency. Wir freuen uns auf Ihren Anruf. Sie werden begeistert sein!

Äh, wieso 51,7 Quadratmeter?, werden Sie fragen. Nun, die vom Makler angegebene Fläche darf um zehn Prozent von der Realfläche abweichen. Außerdem – glauben Sie, dass das irgendjemand nachmisst? Mit dieser kleinen Rechenoperation ist die Wohnung nicht nur auf einen Schlag erheblich geräumiger – Sie haben auch noch den Quadratmeterpreis gesenkt und die psychologisch wichtige 50-Quadratmeter-Grenze überschritten.

3. Runden das Angebot ab: Verben

Nun werden Sie reihenweise Anrufe bekommen, und dann müssen Sie ein Exposé mailen oder faxen. Beruhigen Sie sich!

Auch das kriegen wir hin. Alles, was Sie jetzt noch brauchen, sind die Wörter, die Sie in der Anzeige bislang konsequent ausgespart haben: die Verben.

Sie wissen nicht, was das ist? In der Grundschule hießen sie noch Tu-Wörter. Aber eine Wohnung tut doch nichts, werden Sie sagen. Daher kommt eine Anzeige ja auch ohne Verben aus!, antworte ich.

Der Fließtext, den Sie nun schreiben, folgt daher der simplen Formel:

S + X NA + NV.

Substantiv plus beliebig viele Null-Adjektive plus Null-Verben. Also: Sie verbinden einfach nur die bisherigen Satzbestandteile mit einigen Verben, die dem Ganzen keinerlei Bedeutung hinzufügen:

- freuen Sie sich über
- überzeugt durch
- befindet sich
- präsentiert sich als
- verfügt über
- zeichnet sich aus durch
- besticht durch
- bietet Ihnen
- handelt es sich um
- wartet auf seinen neuen Besitzer
- ist unser Klassiker
- sind genauso selbstverständlich wie
- runden das Angebot ab

172

Eine Standardlösung liest sich demnach folgendermaßen:

Diese ansprechend gestaltete und kompromisslos moderne Wohnoase befindet sich im barrierearmen und lichtdurchfluteten Souterrain. Vom stilvollen und geräumigen Flur gelangen Sie in die beiden supermodernen und hochwertigen Zimmer. Die Ausnahmeimmobilie überrascht mit einer charakterstarken Einbauküche mit einzigartiger Ausstattung. Ein innovatives Design-Duschbad und ein repräsentatives Gäste-WC runden das Angebot ab.

Zu langweilig, zu bescheiden, zu *old school*? Probieren Sie sich aus, seien Sie kreativ!

Im Prinzip können Sie alles mit allem kombinieren, dadurch wird Ihr Exposé noch individueller, exklusiver und ausdrucksstärker:

Originalgetreues Wohnen auf einer Ebene! Dieses klassisch geschnittene Zwei-Zimmer-Wohnensemble bietet luxuriös-behagliches Wohnambiente im innovativ interpretierten Souterrain. Sie schreiten von den lichtdurchfluteten Wohlfühl-Zimmern in den großzügigen und charakterstarken Designer-Flur. Von dort gelangen Sie mühelos in das elegant-zeitlose Designer-Gäste-WC. Ein repräsentatives Wellness-Duschbad und eine spektakuläre, komplett barrierefreie Einbauküchenoase mit hypermoderner Ausstattung machen aus diesem Top-Objekt ein Immobilien-Event der Extraklasse. Eine komplett verschließbare Wohnungseingangstür und liebevoll gestaltete Glasfenster (teilweise durchsichtig) runden das Angebot ab.

4. Immobilie des Jahrhunderts:
Eröffnung und Schluss

Sie sind fast am Ziel. Jetzt brauchen Sie nur noch einen Anfang und einen Schluss. Jeder Schriftsteller lernt es im Creative-Writing-Kurs: Alles hängt vom ersten Satz ab. »Ilsebill salzte nach« von Günter Grass wurde im Jahr 2007 zum besten Romananfang der deutschsprachigen Literatur gekürt. Beginnen Sie Ihr Exposé mit einem spannungsgeladenen Intro:

– Hier stimmt einfach alles!
– Freuen Sie sich über dieses einmalige und sensationelle Angebot!
– Hier erwartet Sie ein neuer Glanzpunkt modernen Wohnens!

Fügen Sie am besten noch übergangslos eins der klassischen Verkaufsargumente hinzu:

– Kaufen statt mieten!
– Sachwert schlägt Geldwert!
– Seien Sie der Erste!
– Ein Zuhause für Ihre ganze Familie!
– Endlich ankommen!

Diese aufmunternden Sätze (immerhin geht es um 164 500 Euro für eine absolute Bruchbude) können Sie jederzeit locker in den Text einstreuen. Am Schluss müssen Sie dann dem Interessenten zunächst einschärfen, dass er sich verdammt noch mal bei Ihnen zu melden hat:

- Erfahren Sie mehr!
- Informieren Sie sich jetzt!
- Vereinbaren Sie noch heute einen individuellen Beratungs-termin!
- Überzeugen Sie sich bei einer kostenlosen Besichtigung vom enormen Potenzial dieser Immobilie!
- Wir freuen uns auf Ihren Anruf!

Anschließend brauchen Sie nur noch ein furioses Finale. Stellen Sie Ihr Licht nur ja nicht unter den Scheffel. Gehen Sie aufs Ganze:

- Hier ist alles möglich!
- Sie werden begeistert sein!
- Ihre Freunde werden Sie beneiden!
- Hier werden Wohnträume wahr!

So kommen Sie zu folgendem Exposé:

Wir präsentieren Ihnen die Immobilie des Jahrzehnts. Hier stimmt einfach alles. Freuen Sie sich über dieses exklusive und spektakuläre Angebot! Das einzigartige Objekt befindet sich in äußerst zentraler und doch wunderbar ruhiger Lage, mitten im herrlichen und aufstrebenden Szeneviertel Billstedt. Die sehr großzügige und weitläufige Wohlfühloase präsentiert sich erdnah im sonnig-freundlichen Souterrain. Das einzigartige Juwel verfügt über zwei traumhaft schöne dreidimensionale Zimmer und eine dekorativ gestaltete Wellness-Einbauküche mit luxuriöser Komfort-Ausstattung inklusive Kochgelegenheit. Und das alles auf einer einzigen

Ebene! Ein klassizistisch-inspiriertes Architekten-Duschbad mit warmem und kaltem Wasser ist genauso selbstverständlich wie ein barrierearmes, hochcharmantes und liebevoll tapeziertes Gäste-WC. Die Ausnahmeimmobilie besticht durch allerfeinste 51,7 qm lichtdurchflutete Wohlfühlfläche. Sachwert schlägt Geldwert! Für Entspannung sorgt der stimmige und ausdrucksstarke Flur inklusive individuell-skandinavischer Konzept-Garderobe. Ein unverbaubarer Parkplatzblick rundet das exklusive Angebot ab. Ihre Freunde werden Sie beneiden! Preis auf Anfrage. Das hippe TownApartment ist ab sofort frei verfügbar. Wir freuen uns auf Ihren Anruf! Vereinbaren Sie noch heute einen kostenlosen Besichtigungstermin. Sie werden begeistert sein! Heute schon gewohnt? Kaufen statt mieten! Hier werden Wohn(t)räume wahr. Hier ist alles möglich. Lassen Sie sich diese Jahrhundert-Chance nicht entgehen!

Mit geringfügigen Änderungen ist dieses Standard-Exposé auf so gut wie jede Wohnung anwendbar. Ist die Wohnung eine komplette Bruchbude, fügen Sie ab und zu ein »fast neuwertig« mit ein. Befindet sich die Wohnung im nördlichen Vorpommern, weitab jeder Straße oder Schiene, dann machen Sie aus der »sehr zentralen Lage« eine »idyllische, sehr ruhige und doch zentrale Lage mit Verbindungen in verschiedene Richtungen«.

5. Hinweis

Was auch immer Sie schreiben – vergessen Sie nicht das Kleingedruckte! Schreiben Sie unbedingt auf der letzten Seite unten in 6-Punkt-Schrift die folgende Anmerkung: »Alle Angaben sind ohne Gewähr und basieren ausschließlich auf Informationen, die uns von unserem Auftraggeber übermittelt wurden. Wir übernehmen keine Gewähr für die Vollständigkeit, Richtigkeit und Aktualität dieser Angaben.«

Aber Moment, werden Sie sagen, das ist doch wirklich zu dreist. Besteht meine Aufgabe als Makler denn nicht darin, die Angaben des Vermieters oder Verkäufers zu überprüfen und zu objektivieren? Verdiene ich nicht meine Provision damit, dass ich Probleme aufspüre und meine professionelle Sach- und Fachkenntnis dem Käufer zur Verfügung stelle? Ging es im fünften Tag des Lehrgangs, den ich leider versäumt habe, nicht um »Bauschäden und Mängel an Bestandsimmobilien«?

Nun müssen wir ein ernstes Wort miteinander reden. Wenn Sie solche Fragen quälen, sind Sie vielleicht für den Beruf des Maklers nicht geeignet. Verstehen Sie mich nicht falsch. Aber möglicherweise sollten Sie lieber Sozialpädagoge, Altenpfleger oder Erzieher in einem Kindergarten für körperlich und geistig Schwerstbehinderte werden. Sehen Sie den Unterschied? Greise und Kleinkinder sind wirklich hilflos. Unsere Kunden dagegen sind nur faul – und etwas zu vertrauensselig. Also selbst schuld. Und wer verwendet die oben aufgeführte Klausel gerne? Richtig: Engel & Völkers!

Fassen wir zusammen: Wer was für sein Gewissen tun will, soll für die Caritas arbeiten. Wer Wohnungen verkaufen will, schreibt am Ende des Exposés, dass er nichts nachgeprüft hat, dass er keine Ahnung von der Wohnung hat, dass er sich vom Eigentümer das Blaue vom Himmel hat erzählen lassen, dass er keinerlei Haftung übernimmt – und genau dafür 6,25 Prozent Courtage verdient hat.

D) DIE FÜNF WICHTIGSTEN VERKAUFSTRICKS

Wer einen naiven Käufer und eine ordentliche
Kohlsuppe hat, sollte nicht nach anderen Dingen suchen.

(Russland)

Sie haben den Köder also ausgeworfen. Sie werden mit Anfragen nach Besichtigungen bombardiert. Die Interessenten kommen nach Billstedt, sehen sich die Wohnung an, meist zusammen mit ihrer ängstlichen Ehefrau. Manchmal ist jedoch auch der missmutige Schwiegervater dabei, der das Ganze finanzieren soll, oder ein sogenannter Architekt oder sonstiger Fachmann, der das Objekt vor der Kaufentscheidung »begutachten« soll. Jetzt ist Ihre Fähigkeit als Verkäufer gefragt.

Die folgenden Tricks gelten nicht nur für Makler. Auch Bauträger, Fertighaushersteller, Architekten, Baufinanzierer, private Vermieter oder Wohnungsbaugenossenschaften sollten sie beherzigen. Sie werden merken: Es ist gar nicht schwer. Der Kunde ist zwar generell misstrauisch und furchtsam, aber im selben Maße uninformiert und hilflos – und daher bereit, auf die simpelsten Maschen und Manipulationen hereinzufallen.

1. Sei der Erste!

Vertriebsstart! – Verkaufsstart jetzt! – Bereits 40 % verkauft!
Warten Sie nicht zu lange! Eigentlich ist die Wohnung schon
weg! Schon 80 % verkauft! – Zieleinlauf! – Letzte Chance!
Das andere Ehepaar ist sehr stark interessiert!

Wir wollen die Ersten sein. Kein Wunder. Das Spermium, das

mit dem Ei unsere erste Zelle erzeugte, hatte 299 Millionen und 999 999 Konkurrenten. Es war schneller. Es hat es geschafft. Alle anderen haben umsonst gelebt.

Für Sie als Makler bedeutet das: Würgen Sie den ersten Anruf hektisch ab. »Entschuldigung, darf ich Sie gleich zurückrufen? Hier sind gerade zwei andere Kunden in der Leitung.« Dann rufen Sie nach zwei Stunden von unterwegs zurück und sagen: »Hören Sie, ich bin gerade zwischen zwei Besichtigungen und habe wenig Zeit. Worum geht es?« Der Käufer erkundigt sich überrumpelt nach Ihrem einzigen Objekt, und Sie sagen: »Moment, meinten Sie die Sechszimmerwohnung in Blankenese? Die ist schon weg ... Ach, Sie meinten die Luxus-Souterrain-Wohnung in Billstedt? Auch schon weg, sorry ... nein, warten Sie, das hab ich verwechselt, die ist noch zu haben ... also, ein Ehepaar hat sich schon vormerken lassen. Die gucken sich die Wohnung gleich zum zweiten Mal an. Darf ich Sie nachher noch mal zurückrufen?«

Jetzt ist der Interessent am Haken. Er will unbedingt und *sofort* einen Besichtigungstermin, um dem anderen Ehepaar die Wohnung wegzuschnappen. »Sie wollen einen Termin? Also gut ... wird eng ... aber wer zuerst kommt, mahlt zuerst ... so ist das nun mal. Also, wenn Sie sich schnell entscheiden ... wann könnten Sie denn da sein?«

Der Interessent wird in einem Seminar bei der Verbraucherzentrale gelernt haben, er dürfe sich niemals unter Zeitdruck setzen lassen. Mit besten Vorsätzen, langer Checkliste und gezücktem Notizblock steht er in der Tür. Aber das durchkreuzen Sie mühelos. Sie sagen gleich zu Beginn, dass das andere Ehepaar in einer Viertelstunde da sein wird, führen die Interessenten im Schnelldurchgang durch die düstere Wohnung und fangen zwischendurch aus dem Nichts heraus an zu telefonieren, scheinbar mit weiteren Interessenten, die sofort vorbeikommen wollen und offenbar sogar einen höheren Kaufpreis anbieten, um die Wohnung zu ergattern. Seufzend legen Sie auf und erzählen vertraulich, dass heute schon über 80 Leute wegen dieser Wohnung angerufen hätten. Und Sie allein in den letzten zwei Tagen vier andere Wohnungen verkauft hätten … binnen weniger Stunden … Viel zu früh klingelt es, das andere Ehepaar (natürlich Freunde von Ihnen) steht auf der Matte, und Sie verschwinden mit ihnen in der Küche, deren Tür sie zuziehen, um dort lange und in gedämpftem Ton Verhandlungen zu führen. Lassen Sie die Interessenten möglichst lange schmoren. Stecken Sie aber alle drei Minuten den Kopf aus der Tür, um ihnen verschwörerisch zuzuzwinkern und zu signalisieren, dass Sie sofort für sie da wären.

Nach frühestens einer Viertelstunde widmen Sie sich dann Ihren Opfern, ziehen sie ins Wohnzimmer und beginnen das Gespräch mit dem Hinweis, dass Sie leider sofort losmüssten, und ob sie sich denn schon entschieden hätten. Und lächeln Sie nicht. Und beantworten Sie mögliche Fragen und Nachfragen nur äußerst gereizt und kurz angebunden. Wenn nötig, gehen Sie zwischendurch noch mal ans Handy, würgen die Anrufer jedoch diesmal ab.

Die Interessenten werden sofort kaufen wollen. Das müssen Sie aber auf jeden Fall ablehnen. Das Äußerste, was Sie sich abschwatzen lassen dürfen, ist eine kostenpflichtige Reservierung für 24 Stunden. Reden Sie den Käufern ins Gewissen, dass man solch eine wichtige Entscheidung auf keinen Fall überstürzen dürfe und sich das Ganze wirklich reiflich überlegen müsse – ohne jeden Zeitdruck!

2. Sei schlau!

Prickelnde Erlöse! Absolutes Schnäppchen! Sommer-Preisaktion! Jetzt mit Rabatt! Die Gelegenheit kommt nie wieder! Spare Steuern! Renditeknaller! Fördergelder! Sachwert schlägt Geldwert! Sonderaktion! Krankheitshalber abzugeben! Gelegenheit! TOP-Gelegenheit! TOP-Rendite! Mindestens 10 % Rendite – und mehr!

Schwaben bezeichnen sich gern als Cleverle. Clever möchten aber nicht nur Schwaben sein. Selbst Leute, die sich nicht für intelligent oder übermäßig klug und gebildet halten, wollen unbedingt schlau sein. Im Sinne von:»Ich bin doch nicht blöd!« Und schlau ist es natürlich, den Preis runterzuhandeln.

Nehmen wir an, der Verkäufer will für 260 000 Euro verkaufen. Dann vereinbaren Sie mit ihm unbedingt einen offiziellen Preis von 270 000 Euro, getreu der Hamburger Kaufmannsweisheit:»Rabatt, das lass dir sagen, wird vorher draufgeschlagen.« Jetzt gibt es zwei Möglichkeiten: Entweder der Interessent ist zu schüchtern, um zu verhandeln, zögert aber noch mit dem Kaufen. Dann nehmen Sie eine verschwörerische Pose ein und flüstern ihm zu:»Es gibt noch jede Menge anderer Interessenten ... aber ganz ehrlich: Ich würde Ihnen die Wohnung gern geben.« Bringen Sie nachfolgend irgendeine hanebüchene Begründung wie:»Sie sind mir sympathisch« oder »Die anderen sind so raffgierige Kapitalanleger aus Frankfurt« oder »Sie passen einfach wirklich sehr gut ins Haus« oder »Die Wohnung mag Sie« (selbst das habe ich schon gehört).»Und deshalb«, fahren Sie fort, »würde ich Ihnen die Wohnung auch für 265 000 Euro geben.« Sie schauen dem Interessenten fest in die Augen:

»Weil Sie es sind«, setzen Sie hinzu. Damit hat er praktisch unterschrieben.

Die andere Möglichkeit: Der Interessent fängt selbst an zu handeln und schlägt todesmutig 250 000 Euro vor. Jetzt auf keinen Fall lachen oder auf die Schenkel klopfen! (In Wirklichkeit ist die Wohnung höchstens 220 000 Euro wert.) Sehen Sie ihm fest in die Augen wie ein Matador einem zornigen Stier: voller Respekt und Hochachtung (»Meine Güte, da bin ich an einen harten Hund geraten!«). Geben Sie ihm unbedingt das Gefühl, selten so einem toughen Verhandler begegnet zu sein. Gehen Sie deshalb auch nur in sehr kleinen Schritten runter: 267,5 – 265 – 262,5. Schließlich runden Sie auf 260 ab, mit dem Hinweis, das sei die Belohnung dafür, dass er zwar verdammt hart, aber auch absolut fair um den Preis gekämpft habe.

Weitere, effektvolle Variante: Konstruieren Sie einen Interessengegensatz zwischen dem Verkäufer und Ihnen. Tun Sie so, als wäre der Verkäufer ein sturer Esel, den Sie mit allen rhetorischen Mitteln überzeugen müssten, im Preis runterzugehen. Verschwinden Sie deshalb immer wieder in ein Kinderzimmer, schließen Sie die Tür und schreien Sie abwechselnd verzweifelt und wütend in Ihr Handy (angerufen haben Sie natürlich niemanden): »Aber ich sage Ihnen doch ... wir müssen ... wir müssen im Preis runter ... das ist der ideale Käufer! Nein ... wenn wir jetzt nicht ... nun hören Sie mal auf zu ... ich ... ich mache das jetzt einfach, ist mir doch egal ...« Dann kehren Sie zurück, tupfen sich den Schweiß von der Stirn, lächeln und sagen: »Er ist etwas stur. Aber es klappt. Also: 262 000. Unser letztes Angebot. Vorausgesetzt, Sie unterschreiben sofort.« Die Ehefrau wird in diesem Moment ängstlich ihrem Mann zuflüstern: »Aber sollten wir nicht erst noch mal Onkel

Karl anrufen? Der kennt doch diesen Architekten?« Daraufhin wird der Mann noch leiser zurückmurmeln: »Siehst du denn nicht, dass das *die* Gelegenheit ist? Es gibt tausend andere Interessenten! Und wir haben ihn sogar noch runtergehandelt!« In diesem Moment müssen Sie unbedingt schon den Vorvertrag auf dem Tisch liegen haben. Während das Pärchen sich noch streitet, tragen Sie bereits ungerührt und ungefragt die persönlichen Daten der Käufer ein und blasen einige der üblichen Standardargumente in den Raum, die den Käufern das Gefühl geben, genau das Richtige zu tun: »Das Quartier ist total unterbewertet. In fünf Jahren wird das hier das Doppelte wert sein.« Oder: »Wer bei den jetzigen historischen Niedrigzinsen nicht kauft, ist wirklich ein Vollidiot.« Oder: »Jetzt kommt Ihnen die Wohnung vielleicht nur mittelgroß vor. Eingerichtet wird sie riesig wirken.« Oder: »Wer weiß, was aus dem Euro wird. In zehn Jahren kommt die nächste Währungsreform. Und wer wird der lachende Dritte sein? Wohnungseigentümer! Leute wie Sie!« Oder: »Viele Leute machen sich das gar nicht klar. Wenn man mietet, verschenkt man praktisch sein Geld. Hier fließt sozusagen alles wieder zu Ihnen zurück.« Oder, ein todsicherer Geheimtipp: »Wissen Sie, was Roosevelt gesagt hat? ›Eine Immobilie kann nicht verloren gehen und nicht gestohlen werden, man kann sie auch nicht wegtragen. Wenn man sie mit Verstand einkauft und ordentlich pflegt, ist sie die sicherste Investition der Welt.‹« Spätestens an diesem Punkt wird die Ehefrau endlich den Mund halten. Der Ehemann wird zufrieden lächeln. Dann murmeln Sie in jedem Fall noch wie im versunkenen Selbstgespräch: »Meine Güte, wie bringe ich das bloß diesem Frankfurter Banker bei, dass er die Wohnung doch nicht kriegt? Ich hatte sie ihm so gut wie versprochen ...«

3. Tue Gutes!

Passivhaus-Standard – Vollholzbauweise – hauseigenes Mini-Heizkraftwerk – kontrollierte Be- und Entlüftung mit Wärmerückgewinnung – Energieeffizienzhaus KfW 55 – Solaranlage – 3-fach-Verglasung – Polar-Wärmeschutz – 1-Liter-Haus – ökologisch, kinder-, senioren- und familienfreundlich.

Das mit der Erbsünde habe ich nie richtig verstanden. Wie kann man eine Sünde erben? Die meisten Deutschen wissen heute nicht mal mehr, was das ist. Aber die jahrhundertelange Gehirnwäsche hat sich gelohnt: Wir alle kommen heute mit einem schlechten Gewissen zur Welt. Wir fühlen uns schuldig durch unsere bloße Existenz. Weil wir Klopapier benutzen, müssen Wälder abgeholzt werden. Weil wir Bananen essen, müssen Afrikaner hungern. Und weil wir billige Klamotten kaufen, werden indische Kinder ausgebeutet. Immer sind wir auf der Suche nach grünen Punkten, Bio-Siegeln, Öko-Zertifikaten und Nachhaltigkeits-Garantien, die das Gewissen etwas entlasten. Das hat auch die Manke GmbH verstanden: »Manke-Passivhaus: Das Haus, das atmet. Die Be- und Entlüftungsanlage mit hochwertiger Wärmerückgewinnung senkt nicht nur Ihre Heizkosten, sondern verbessert auch auffallend das Raumklima. Immer frische Luft und ein gutes Gewissen.«

Vor allem, wenn Sie reizlos-sterile Neubauten in unwohnlichen Siedlungen verkaufen müssen, haben Sie im Grunde nur zwei Argumente: den wohnlichen Vollkeller – und den Klimawandel. Sie allein können ihn aufhalten. Mit diesem Zehn-Milliliter-Passivhaus in Vollholz-Bauweise mit integriertem

Blockhouse-Kraftwerk, Brauchwasseraufbereitungsanlage und Sechsfach-Verglasung. Übertreiben Sie ruhig, seien Sie erfinderisch. Schwärmen Sie sich in einen Ökorausch hinein:

- transparente Energiespar-Außenwand aus Kautschukfaser mit Wärmerücktransport
- regenerativer Massivdämmboden aus Holzpellets
- dynamische Abwasservollverstromung
- kontrollierter Vollholzkeller mit Igluverglasung
- Entfeuchtungsroboter im KfW-22-Standard
- solarbetriebene Handtuchhalter in allen Kinder- und Schlafzimmern
- brauchwassergefilterte Telefondosen ohne jeden Kabelanschluss
- doppelbegrünte Biogas-Einbauküche ohne Herd
- saunabetriebene Ein-Liter-Dachschrägen
- Öko-Klosett in traditioneller Windkraft-Bauweise
- nachhaltige Blockholzkraftwerksdusche mit integriertem Kaltwasserstrahl
- hydrodynamische Vollrohre aus Mineralwollreplikaten
- stromlose Elektrokabel aus Fairtrade-Handel
- Fahrradgaragen aus zertifiziertem Gummilaminat
- hamsterbetriebene Rasenmäher aus recycelbarem Krümelteig
- chlorfreier Bio-Whirlpool
- barrierefreie Glasfaserbadewanne auf Erdwärmebasis

Der Kunde möchte eh nur hören, dass er demnächst als Klimaretter für den Friedenspreis des deutschen Buchhandels vorgeschlagen wird.

Das niedersächische Unternehmen Viebrockhaus treibt diesen Schwachsinn auf die Spitze: Jede Familie, die sich bis zum 20. März 2012 für ein besonders effizientes Aktiv-Energieplus-Haus des Unternehmens mit Fotovoltaikanlage und Hausbatterie entschieden hatte, erhielt per Urkunde 500 Quadratmeter geschützten Regenwaldes in Panama – für 50 Jahre. Und danach? Müssen meine Kinder dann die toskanische Energie-Maxx-Villa mit Fotovoltaik-Whirlpool und Staffelgeschossbatterie aus freilaufendem Mastdarm kaufen, damit die letzten 500 Quadratmeter Regenwald auf der Welt nicht umgehend von United Fruit abgeholzt werden? Da wartet einiges Erpressungspotenzial auf unsere Erben: »Für deine Familie. Für die Umwelt. Für den Regenwald.«

So wird man zumindest einen Bruchteil seiner ökologischen Erbsünde los. Bitte entschuldigen Sie, dass ich geboren bin! Dafür wohne ich in einem Aktiv-Energieplus-Haus von Viebrock.

4. Gönn dir und deiner Familie etwas

Sichern Sie sich jetzt Ihre Traumwohnung – Erfüllen Sie sich einen Traum – Endlich ankommen – Endlich daheim – Wollen auch Sie endlich zu Hause sein? – Ein Zuhause zum Wohlfühlen.

Die Stefan und Axel Schaffarzyk KG macht es richtig: In ihrer großen Exposé-Anzeige bilden sie weder Haus noch Wohnung noch Siedlung oder Wohnzimmer ab. Sondern einfach nur ein glückliches Paar mittleren Alters, das auf einem Sofa sitzt. Sie hat eine Glasschüssel mit grünem Salat in der Hand, er eine Fernbedienung. Offenbar sehen Sie gerade gemeinsam die *Ak-*

tuelle Schaubude oder *Verstehen Sie Spaß?* »Bisher, in unserer gemütlichen Mietwohnung im Stadtzentrum, haben wir uns immer gestritten«, sagt uns die Anzeige. »Wenn wir uns aber erst den reizlosen KfW-70-Neubau in Ellerau mit Gäste-WC und Wärmerückgewinnung gekauft haben, werden wir endlich wieder Arm in Arm auf dem Sofa sitzen!« Dass zehn Prozent aller Immobilienkäufer unter massiven Eheproblemen leiden, weil sie sich Sorgen um die zu hohen Hypothekenraten machen, müssen Sie Ihren Kunden ja nicht auf die Nase binden. Je unwohnlicher der Neubau, je lichtloser Souterrain- und Erdgeschosswohnung, desto häufiger sollten Sie als Verkäufer die Worte »Zuhause«, »ankommen«, »heimkommen«, »wohlfühlen«, »Wohlfühloase«, »Wellnessbereich«, »HomeSpa«, »persönlicher Luxus« und »Belohnung« verwenden. Gefangen in seinem protestantischen Arbeitseifer und seinem beruflichen Hamsterrad, in seinem Freizeit-, Beziehungs- und Kinderstress, wünscht sich der Deutsche doch nichts sehnlicher, als sich selbst am Ende des Tages irgendwie mal zu belohnen, sich etwas zu gönnen, etwas für sich zu tun. Bekanntlich arbeiten die Franzosen, um zu leben, während wir Deutschen leben, um zu arbeiten. Dass das keinen Sinn macht, ahnen wir tief drinnen auch. Genau darauf spekulieren die Verkäufer von Fernreisen, Luxusschlitten und überteuerten Immobilien.

Und wenn Sie dem Kaufinteressenten schon ansehen, dass er selbst eigentlich auf keinen Fall in den potthässlichen Randgebieten wohnen möchte, reden Sie umso mehr davon, wie sehr Frauen, Kinder und Senioren das Leben »im Grünen« brauchen und genießen: »Hier fühlen sich alle Generationen wohl«, werben Stefan und Axel Schaffarzyk. Waren Sie mal in Ellerau? Hier leiden alle Generationen an schwersten Depressionen.

5. Ernte Ruhm und Ehre

Deine Nachbarn werden neidisch sein! – Repräsentatives Anwesen! – Herrschaftlicher Landsitz – Uneinsehbares Parkgrundstück – Outdoor-Pool und Doppelcarport sind selbstverständlich.

Hier wohnt man nicht, hier residiert man. Das Angeberargument ist zwar entscheidend, muss aber im protzfeindlichen Deutschland dezent angebracht werden.

Dass Häuser zum Prahlen da sind, hat sich seit dem alten Rom nicht verändert. Man erkennt es am viel zu pflegeintensiven Ziergarten, an der überdimensionierten Sitzgruppe im Wohnzimmer und der zu großen Grundfläche. Und daran, dass im ganz normalen Townhouse der Großteil der Fläche fürs Wohnzimmer verballert wird, während der gemütlichste Raum einer Wohnung, die Küche, neben dem Eingang auf acht Quadratmeter zusammengezwängt wird – ohne Sitzgelegenheit. Kinderzimmer, Schlafzimmer, Arbeitszimmer, alles, was tatsächlich genutzt wird, fällt viel zu klein aus. Dafür gibt es das repräsentative 30-qm-Wohnzimmer, das für die Gäste da ist, die zweimal im Jahr vorbeikommen. Ansonsten guckt die Familie dort fern – dafür reicht auch ein Viertel der Fläche. Ist Ihnen mal was aufgefallen? Kleinere Zimmer sind viel gemütlicher. In den loftartigen Wohnzimmern mit den bodentiefen Fenstern, durch die die Quartiersnachbarn vom nächsten Handtuchgarten aus mühelos reinglotzen können, kommt dagegen keinerlei Behaglichkeit auf.

Für alles im Leben zahlt man einen Preis. Den höchsten für Angeberei. Da bleibt nur zu sagen: »Manche Leute kaufen sich vom Geld, das sie nicht haben, Dinge, die sich nicht brauchen, um Leuten zu imponieren, die sie nicht mögen.«

E) WEITER ZUR WELTKARRIERE

Machen wir uns nichts vor: Einen müden 6er-BMW können Sie sich auf diese Weise zusammenschnorren. Aber dem Zehn-Hektar-Anwesen mit Butler und eigener Pferdezucht im Herzen von Monte Carlo kommen Sie so keinen Schritt näher. Hier meine sechs geprüften Superkarriere-Tipps:

1. Konzentrieren Sie sich auf Luxusimmobilien. Manhattan, Düsseldorf, Sylt. Penthouse, Landsitz, Reetdachanwesen. Den ganzen ETW- und Townhouse-Quatsch sollten Sie stotternden Berufsanfängern überlassen.
2. Bilden Sie aus! Erfinden Sie eine Berufsbezeichnung wie »Echter Eigentumswohnungsfachmann«, »High-End-Courtage-Consultant« oder »Real Estate Commerce Head of Office and Chief of Staff«. Führen Sie Bewerber wahlweise in zwei Jahren, zwei Wochen oder zwei Stunden zum begehrten Zertifikat. Je kürzer, desto teurer.
3. Gründen Sie ein Maklerunternehmen. Lassen Sie andere für sich arbeiten. Arbeiten Sie eine grüne Verkaufsbibel aus, an die sich alle Franchise-Idioten und Angestellten penibelst halten müssen (Protokollpflicht!), sonst schmeißen Sie sie persönlich raus.
4. Legen Sie jede Menge Geschlossene und Offene Immobilienfonds auf. Bauen Sie ein »German Tooth Medical Centre« in Mumbai, ein Frauenhaus im brasilianischen Regen-

wald, eine Renaissance-Kathedrale in Saudi-Arabien, Senio-
renwohnanlagen in der Sahara und einen Bankentower auf
Helgoland. Versprechen Sie wahnsinnige Steuervorteile und
sammeln Sie mehrere 100 Millionen Euro ein, von denen Sie
erst mal ein bisschen shoppen gehen. Es dauert erfahrungs-
gemäß Jahre, bis die Anleger merken, dass Sie das alles nicht
ernst gemeint haben.

5. Gründen Sie in der Zwischenzeit einen weiteren Makler-
verband. Den VÖSI (Verband ökologisch-sensibilisierter Im-
mobilienwirte), den NIEMAND (Neue Initiative Ehrliche
Makler Norddeutschlands) oder RUFMICHAN (Ring unter-
qualifizierter feministischer Maklerinnen in China, Angola,
Nordkorea). Lassen Sie sich von den Mitgliedern ein sechs-
stelliges Jahresgehalt dafür auszahlen, dass Sie ein Büro an
der Friedrichstraße mieten und jeden Mittag mit Philipp
Rösler essen gehen.

6. Lassen Sie sich von ihm abwerben. Werden Sie erstes Berliner Mitglied der FDP, Bauauschuss-Vorsitzender und Au-
ßenminister. Knüpfen Sie auf Ihren »Dienstreisen« (!!) Verbindungen zu Makler-, Bau- und Verkehrsunternehmen in
aller Welt. Treten Sie beim erstbesten Skandal zurück und
werden Aufsichtsrat bei sämtlichen großen chinesischen,
indischen, mexikanischen und russischen Baukonzernen.
Lassen Sie sich von dort anheuern von der mexikanischen
Drogenmafia. Genießen Sie einen unbeschwerten Lebens-
abend in Kolumbien mit kolonialer Villa, Hubschrauberlandeplatz, 24-Stunden-Escort-Service und Privatarmee.
Und lassen Sie sich um Himmels willen nicht von Ihrem
Gärtner erschießen.

VI.

Sprechen Sie Maklerdeutsch?

DER GROSSE TEST!

Die, die immer nett sind,
sind nicht immer nett.

(Polen)

Sind Sie bereit für die Fehlentscheidung Ihres Lebens? Oder sind Sie vielleicht so gewieft, dass Sie sich bald von den Fehlentscheidungen anderer ein Anwesen leisten können wie Christian Völkers: terrassenartiger Park, Pool, Weinstöcke, hauseigener Poloplatz, Pferdekoppel und Butler? Finden Sie es heraus!

1. WAS IST EIN TOWNHOUSE?
a) Stadt, die nur aus einem Haus besteht.
b) Haus im Taunus.
c) Überteuertes Reihenhaus mit französischen Fenstern und Fußbodenheizung.
d) Iglu, das im Frühling besonders schnell auftaut.

2. WAS BEDEUTET »GESCHÄFTE DES TÄGLICHEN BEDARFS SIND FUSSLÄUFIG ERREICHBAR«?
a) Gleich um die Ecke ist eine hübsche Einkaufsstraße mit Bäckerei, Drogerie und Bioladen.
b) Es gibt einen Dönerladen in zwei Kilometern Entfernung.

c) Zwei Orte weiter soll ein Kiosk existieren. Schöner Tagesausflug: Drei Gehstunden hin, drei zurück. Leider hat er meistens geschlossen.

d) Laufen Sie bis zur nächsten Autobahnabfahrt. Hoffen Sie, dass jemand Sie mitnimmt – und kehren Sie nie wieder in diese Einöde zurück!

3. WAS BEDEUTET »LOFT«?

a) Berlinerisch für »läuft gut«: Det loft!

b) Irisch für »Ich liebte sie«: I loft her …

c) Hitlerisch für »reine Luft«: särr gute Loft!

d) Unpraktische Künstlerwohnung in leerer Fabriketage.

4. WAS HEISST »EBK«?

a) Enger, brauner Keller.

b) Ess-Bad-Klo.

c) Emsiger, bauzerstörender Käfer (Hausbock).

d) Hässliche Einbauküche.

5. WAS BEDEUTET »A. A.«?

a) Am Abgrund.

b) Auf Anfrage.

c) Ab August.

d) Am Arsch.

6. WAS IST EIN »PENTHOUSE«?

a) Ein Haus auf dem Dach eines Hochhauses.

b) Ein Haus, das man nur zum Pennen nutzt.

c) Ein Haus, in dem sehr viele Penner wohnen.

d) Einschläfernde Stilrichtung der House-Musik.

7. WAS HEISST »MFH«?

a) Massenhaft faule Hypothekenkredite.

b) Mehlwürmer fressen Holz.

c) Mehrfamilienhaus.

d) Miniatur-Friesen-Hütte.

8. WAS BEDEUTET »REAL ESTATE PROPERTY CONSULTANT«?

a) Betrüger, der Englisch kann.

b) Einem wirklichen Staat gehören viele Berater.

c) »Real Madrid. Die Tante des Konsuls.« Aber der Rest ...?

9. WAS BEDEUTET »HP«?

a) Handgewebter Perserteppich.

b) Hochparterre.

c) Hehlerprovision.

d) Handwerkerpfusch.

10. WAS BEDEUTET »POOL«?

a) Plattdeutsch für »Pole« (= guter Handwerker).

b) Sehr weit entfernter Pol, zum Beispiel der Südpool.

c) Aufforderung, die Nase mit den Fingern zu reinigen.

d) Versammlungsort von Nichtschwimmern im Sommer.

11. WAS BEDEUTET »OPEN HOUSE«?

a) Haus ohne Dach.

b) Plattdeutsch: auf dem Haus.

c) Party, die ein Makler schmeißt, der wieder ein überteuertes Townhouse an ein leichtgläubiges Lehrerpaar vermittelt hat.

d) Öffentliche Besichtigung, die Konkurrenzdruck unter den Interessenten erzeugen soll.

12. WAS IST EINE »BAD BANK«?

a) Sitzgelegenheit im Freibad.

b) Von der Stiftung Warentest als mangelhaft bewertetes Geldinstitut.

c) Bank, die Kureinrichtungen finanziert.

d) Wir bezahlen die misslungenen Immobilienspekulationen der Hypo Real Estate. Und Georg Funke kann sich wieder ein paar Privatvillen auf Malle leisten.

13. WAS BEDEUTET »TG«?

a) Triste Gegend.

b) Tiefgarage.

c) Total gammelig.

d) Toter Grundeigentümer.

14. WAS BEDEUTET »IN-ROOM-SPA«?

a) An der Inneneinrichtung sparen.

b) Überflüssiges Feature einer Luxusimmobilie: übergroße Badewanne, Whirlpool, Sauna.

c) Überdachtes Ladengeschäft der Kette SPAR.

d) Spartanischer Soldat, der sich zum Sterben in einen kleinen Raum zurückzieht.

15. WAS BEDEUTET »HIGHLIGHT«?

a) Als Höhepunkt angepriesene, schaurig-schöne Schrott-Immobilie.

b) An einer sehr hohen Altbau-Decke angebrachte Designer-Glühlampe.

c) Die Panik der großen Knorpelfische.

d) Hippokratischer Eid (Heil-Eid).

16. WAS BEDEUTET » WORST CASE «?

a) Wurst und Käse.

b) Sie haben sich zusätzlich zu Ihrem Hypothekenkredit über-
flüssigerweise einen Bausparvertrag und eine Kapitallebensversicherung andrehen lassen.

c) Größtes anzunehmendes Desaster: Sie haben über Engel &
Völkers ein nicht existierendes Resort auf Dubai erworben.
Jetzt hilft auch kein Anwalt mehr.

d) Spanische Häuser (Einzahl: »la casa«, Plural: »le case«) im
andalusischen Ort Worst.

17. WAS BEDEUTET » OG «?

a) Ohne Gewähr.

b) Obergeschoss.

c) Ohne Garten.

d) Ort gruselig.

18. WAS IST EIN » LOW PERFORMER «?

a) Ein Immobilienmakler, der weniger als 20 Häuser im Monat
verscherbelt.

b) Ein Immobilienmakler mit sehr tiefer Stimme.

c) Ein Makler, der in seinen Verkaufsgesprächen die Stimme
Jogi Löws parodiert.

d) Ein Performance-Künstler, der nur in Kellern und Tiefgara-
gen auftritt.

19. WAS BEDEUTET » COLD CALL «?

a) Colt-Kalle. Deutscher Wild-West-Held, der auch als Makler
tätig war.

b) Name eines Makler-Call-Centers in Sibirien.

c) Kalt-Akquise. Bevorzugte Methode von Kai-Uwe Klug und seiner KK-Royal-Basement-Betrügerbande.

d) Kaltherzige Anrufe von Käufern beim armen Bauträger, der völlig schuldlos pleiteging, nachdem er sein Vermögen auf die nächste Strohmannfirma übertragen hatte.

20. WAS BEDEUTET »BRANDING«?

a) Sein Reetdach abbrennen lassen, um die Versicherungssumme zu kassieren.

b) Seine politische Überzeugung nach Willy Brandt ausrichten.

c) Aufbau einer Markenidentität für das eigene Maklerbüro.

d) Sodbrennen nach Abschluss des Hypothekendarlehens.

Auswertung

Die Lösungen finden Sie im vorangegangenen Teil des Buches. Für jede richtige Antwort gibt es einen Punkt.

1–6 Punkte: Sie sind in dörflicher Umgebung aufgewachsen und haben schon in der Elmshorner Fußgängerzone Mühe, sich zurechtzufinden. Sie halten »Shop« für ein chinesisches Gericht und fürchten bei einem »Outlet« freilaufende Pitbulls.

Unser Rat: Bitte besichtigen Sie Immobilien nur in Begleitung ortskundiger Erwachsener – sonst besteht akute Gefahr, dass Sie den Rest Ihres Lebens in der Tiefgarage eines Parkhauses herumirren. Am besten bleiben Sie in dem Haus wohnen, in dem Sie geboren wurden.

6–11 Punkte: Sie haben das Buch durchgearbeitet – einmal, zweimal. Viel genützt hat es nichts. Sie fallen auf die läppischsten Versprechungen (»fußläufig«) und die billigsten Jubel-Arien (»Highlight!«) herein.

Unser Rat: Schützen Sie Ihr Vermögen – spenden Sie es. Zum Beispiel an den Verein zur Unterstützung raffgieriger Makler. Oder an die Notgemeinschaft Gescheiterter Immobilienspekulanten. Das wird immer noch billiger, als wenn Sie sich ein Townhouse in Neumünster für eine halbe Million andrehen lassen. Mit der Begründung: »Lage, Lage, Lage!« Ziehen Sie lieber den Rest Ihres Lebens in eine Jugendherberge. Freundliches Personal. Kicker im Keller. Reichhaltiges Frühstück. Dauergästerabatt.

12–20 Punkte: Sie wohnen in Berlin, London und Tokio und sind Leading Head Consultant von Dahler & Company. Sie können einem Bauern aus Gütersloh einen koreanischen Immobilienfonds verkaufen und einem türkischen Gemüsehändler eine leerstehende katholische Kirche. Dieses Buch hätten Sie nur dann gelesen, wenn es in Chinesisch gewesen wäre – zur Übung –, denn das beherrschen Sie selbstverständlich fließend. Und Sie haben selbst die Fragen richtig beantwortet, die wir aus mangelnder Sachkunde gar nicht gestellt haben.

Unser Rat: Verkaufen Sie Ihre Häuser und Anteile, bevor die Blase platzt. Es wird nicht mehr lange dauern.

VII.

Fazit

So, wir sind auf der Dachterrasse angekommen. Zeit, Bilanz zu ziehen.

Genießen Sie ein paar Zahlen. Schauen Sie mit mir gemeinsam in die deutsche Seele. (Und fragen Sie nicht: »Welche Seele?« Wir haben immerhin die Romantik erfunden. Und das Faxgerät.)

Dann schauen Sie sich in Ruhe ein paar weitere Zahlen und Argumente dafür an, warum sich ein Immobilienkauf nur ganz, ganz selten lohnt.

Und zum Schluss blicken Sie mit mir in das Land, in das wir alle reisen wollen: die Zukunft.

A) EIN PAAR ZAHLEN

1. Betongold oder Schrottimmobilie? Eigenheimglück in Zahlen

> Ein Haus voller Makler ist wie ein Keller
> voll mit schlechtem Bier.
>
> (Niederlande)

Jährliche Ausgaben zur Bekämpfung von Hausschwamm in Deutschland → *200 Millionen Euro.*

Summe, die Hauseigentümer 2010 in Deutschland für die Sanierung und den Erhalt ihres Wohnraums ausgeben mussten → *95 Milliarden Euro.*

Anzahl der Personen, die sich Schrottimmobilien in den neuen Bundesländern haben verkaufen lassen → *300 000.*

Leerstehende Wohnungen in Deutschland 2012 → *1,6 Millionen.*

Anteil leerstehender Wohnungen am gesamten Wohnungsbestand → *Hamburg: 0,7 Prozent*
        Berlin: 2,3 Prozent
        Sachsen-Anhalt: 7,5 Prozent

Haftung der Eigentümer für versäumte Zahlungen eines oder mehrerer Mit-Wohnungseigentümer → *100 Prozent.*

Zahl der Häuser und Wohnungen, die zwischen 2005 und 2010 in Deutschland zwangsversteigert wurden → *430 000.*

Durchschnittliche Wertsteigerung des Wohneigentums in Norwegen von 1891 bis 2009 (119 Jahre), inflationsbereinigt pro Jahr → *0,7 Prozent.*

Durchschnittliche Wertsteigerung des Wohneigentums in den USA von 1891 bis 2009 (119 Jahre), inflationsbereinigt pro Jahr → *0,2 Prozent.*

In Deutschland von 1970 bis 2009, in 39 Jahren, ebenfalls inflationsbereinigt pro Jahr → *0 Prozent.*

Größter durchschnittlicher Wertverlust bei Immobilien in der
jüngsten Zeit → *Irland (2006 – 2009): 32 Prozent*
USA (2005 – 2009): 34 Prozent
Japan (1990 – 2009): 45 Prozent

2. Ohne Obergrenze:
Maklerglück in Zahlen

Wer einen Makler beherbergen möchte,
braucht einen großen Kühlschrank.

(China)

Die Immobilienumsätze in Deutschland 2011 → *147 Milliarden
Euro.*

Die Anzahl der Immobilienmakler-Unternehmen in Deutschland → *35 000.*

Die Provisionssumme der fünf größten deutschen Makler durch
den Verkauf von privatem Wohneigentum 2010 → *558 Millionen Euro.*

Wenn ein Makler eine Mietwohnung mit einer Kaltmiete von
800 Euro/Monat vermittelt, darf er vom Mieter dafür folgen-
de Provision verlangen → *Schweden: 168 Euro*
Frankreich: 432 Euro
Finnland: 799 Euro
Deutschland: 1600 Euro
Österreich: 2179 Euro

B) EINZELHAUS UND BAUSPARVERTRAG: DER DEUTSCHE UND SEINE IMMOBILIE

Wir Deutschen sind vor allem eins: grüblerisch und uneins mit uns selbst. Wir haben das mieterfreundlichste Mietrecht der Welt. Wir können den Vermieter anlügen, die Wohnung verwüsten und monatelang die Miete schuldig bleiben – nichts passiert. Dennoch glauben wir, wir müssten unbedingt Wohneigentum erwerben. Dabei könnten wir unser Leben lang bequem Mieter bleiben, unser Vermögen auf Gold, Aktien und Festgelder verteilen und hätten keine Probleme mit Scheidung und Erben. Aber nein: Es muss Wohneigentum sein. Selbst wenn uns das nötige Eigenkapital fehlt und wir mit den mühsam zusammengesparten 10 000 Euro nicht mal Grunderwerbssteuer und Notar bezahlen können.

So weit, so schlecht. Dann wählen wir den untauglichsten Weg: Wir schließen einen Bausparvertrag ab. Die Verbraucherzentralen warnen seit Jahrzehnten davor: vergeblich. 30 Millionen Deutsche sind in diese Falle getappt. Tausende Bausparberater sagen Danke für ihre satte Provision. Dafür verzichten wir freiwillig auf die großzügigen Zuschüsse und Billigkredite der KfW, nur um den unfreundlichen Bankberater nicht unnötig auszubremsen. So ein KfW-Antrag ist für ihn nämlich äußerst undankbare Arbeit. Ein Renditekiller. Das wollen wir ihm nicht zumuten. Dafür verzichten wir lieber jahrelang auf Neuwagen und Fernurlaub.

Die Hälfte von uns hat riesige Angst vor Einbrechern. Und davor, von ihnen angegriffen zu werden. Dabei ist die Gefahr von Wasserschäden und Bränden weit höher. Und die Hobby-Einbrecher haben selbst größte Angst, uns zu begegnen. Trotz alledem soll es unbedingt genau das Einzelhaus sein, das unsere maskierten Freunde bevorzugen. Für dieses fast mystische Einzelhaus müssen wir in triste Vororte ziehen (»Wir sind in 20 Minuten in der City!«). Oder in noch tristere Landgemeinden, so weit von unserer Arbeit entfernt, dass wir von nun an montags bis freitags täglich zwei Stunden im Stau stehen. Aber das spart uns ja immerhin 90 Cent Steuern – für uns das Allerwichtigste. Ja, in diesem behaglichen Einzelhaus wollen wir endlich unsere Ruhe vor dem Lärm der Welt finden. Dann müssen wir feststellen, dass der linke Nachbar Frösche, Schweine und Hunde hält. Und der rechte ein Hobby-Metal-Bassist ist. Den Rest unseres Lebens prozessieren wir und merken dadurch zum Glück nicht, dass unsere Frau uns betrügt und verlässt und auch die Kinder aus der ländlichen Idylle so bald wie möglich fliehen.

Diejenigen, die auf ihr Café und den Gemüsehändler um die Ecke nicht verzichten wollen und trotzdem auf Wohneigentum bestehen, trifft es noch härter. Sie zahlen einen fast schon surrealen Quadratmeterpreis, müssen 40 000 Euro für den obligatorischen Tiefgaragenstellplatz berappen und landen in der Folterkammer namens Wohneigentümergemeinschaft. Das sind lauter Menschen, die deutlich unsympathischer sind als Ihr Schwager, denen Sie aber von nun an auf Gedeih und Verderb ausgeliefert sind. Entweder Sie werden zu überteuerten Luxussanierungen gezwungen, mit denen der korrupte Hausverwalter seinen befreundeten Handwerkern den Lebensunterhalt garantiert. Oder die bettelarmen, vergreisten Miteigentümer verweigern aus Sparsamkeit die grundlegendsten Sanierungsmaßnahmen, bis die Dachziegel auf den Bürgersteig plumpsen.

Architektonisch haben Sie in den urbanen Vierteln die Wahl zwischen schnell hochgezogenen, sterilen Neubauten (»mit bodentiefen Fenstern und Fußbodenheizung!«) und Altbauten, deren Stuck und Pitchpine-Dielen Ihnen auch nichts mehr helfen, wenn Schwamm, Schimmel und Hausbock erst mal entdeckt sind. Ganze Altbauviertel wurden ohne jegliche Isolierung in den Sumpf gebaut. Dann vernichten ein paar eifrige Pilze oder Würmer mal so eben Ihr Lebensvermögen.

Aber es gibt auch Hoffnung. Denn obwohl wir Deutsche für Wohneigentum so wenig Jahresgehälter ausgeben müssen wie niemand sonst in Europa – fünfmal länger als wir müssen Franzosen oder Russen für ihr Häuschen arbeiten –, wohnen nirgendwo sonst noch so viele zur Miete. Wir sind die Mietkönige Europas. Trotz Bausparvertrag, Niedrigstzinsen und Gehirnwäscheparolen wie »Sachwert schlägt Geldwert«. Ist es der Geiz? Der Anblick des Maklers oder des Bauträgers? Der eklatante Mangel an attraktiven Neubauten? Oder doch – die Vernunft? Denn die Vernunft spricht in 95 Prozent der Fälle fürs Mieten. Wenn Sie's nicht glauben wollen, lesen Sie einfach weiter.

C) MIETEN STATT KAUFEN: ELF GRÜNDE, WARUM SICH WOHNEIGENTUM NICHT LOHNT

Wer einen Makler mit drei Kindern
heiratet, heiratet vier Diebe.
(England)

Am 28. 5. 2008 schrieb David Leonhardt in der *New York Times*: »Eine der größten Lügen der Immobilienbranche ist die Vorstellung, dass Mieten gleichbedeutend sei mit ›Geld zum Fenster hinauswerfen‹. Das ist eine nützliche Erfindung von Immobilienmaklern, da sie weit, weit größere Kommissionen bei Hausverkäufen erzielen als bei der Vermittlung von Mietobjekten.«

Leonhardts Feststellung lässt sich für Deutschland leicht präzisieren. 2010 verdiente Engel & Völkers mit Provisionen aus dem Verkauf von Wohneigentum 77 Millionen, aus dem Vermitteln von Mietwohnungen gerade mal 5 Millionen Euro.

Aber nicht nur Makler erzählen Märchen. Ein weit verzweigter, schwammartiger Komplex aus Bausparkassen, Baufinanzierern, Baufonds, Bauträgern, Bauherren, Baugutachtern und Baufirmen lebt von der Legende, Immobilien seien »Betongold«, »ein sicherer Sachwert«, »der beste Inflationsschutz«, eine »Anlage mit hoher Wertsteigerung«, ein »Anlegerhafen in der Krise«. In seinem Buch *Kaufen oder mieten?* hat der Ökonom Gerd Kommer diese Glaubenssätze untersucht – mit vernichtendem Ergebnis. Hier kommen elf Gründe, warum Sie sich das mit dem Kaufen noch mal gründlich überlegen sollten:

1. Allein von den Zehntausenden Euro, die Sie für Notar, Makler, Grunderwerbssteuer und Stellplatz zahlen müssen, können Sie jahrelang Ihre Miete zahlen.
2. Mögen Hausbock, Schwamm und Schimmel nur kommen – beseitigen und bezahlen muss alles Ihr Vermieter. Als Eigentümer bleibt Ihnen nur die Privatinsolvenz.
3. Ihre Ehe geht in die Brüche, Ihr Teenie zieht aus, Sie finden einen Traumjob in München, die Liebe Ihres Lebens wohnt in Berlin, oder Sie möchten plötzlich nach Patagonien auswandern? Als Mieter alles kein Problem. Das Eigenheim je-

doch steht da. Will bewohnt sein. Oder mühsam verkauft werden. Und ist noch nicht mal abbezahlt.

4. Jeder Berater auf der ganzen Welt wird Ihnen vorschlagen, Ihr Vermögen aufzuteilen. Zum Beispiel 25 Prozent Aktien, 25 Prozent Festgeld, 25 Prozent Immobilien, 25 Prozent Rohstoffe. Das ist der beste Schutz gegen Inflation und Krise. Wenn wir Wohneigentum kaufen, tun wir das Gegenteil: Wir legen alle Eier in einen Korb. Oder wer hat nach dem Kauf eines Hauses für 400 000 Euro plus 50 000 Euro Nebenkosten noch 75 Prozent seines Vermögens übrig?

5. Geldvermögen können Sie im Alter langsam und bedarfsgerecht aufbrauchen. Aber das Vermögen, das in Ihrem Haus steckt? Das können Sie höchstens vererben. Oder verkaufen. Wenn es dann noch irgendetwas wert ist. Denken Sie mal an das Haus Ihrer Eltern. Immobilien in Bremerhaven haben in den letzten fünf Jahren 20 Prozent ihres Wertes verloren. In Neumünster sogar 25 Prozent.

6. Die Mieten in Deutschland sind in den letzten 50 Jahren deutlich langsamer gestiegen als die Inflation. Und das wird auch so bleiben.

7. Die Wertsteigerung von Immobilien wird dramatisch überschätzt. Mit dem Bevölkerungsrückgang werden die Immobilienpreise in vielen Gegenden weiter ins Bodenlose fallen.

8. Das Geld, das Sie durch Nicht-Kaufen sparen, bringt Ihnen Zins und Zinseszins. Wie viel das ausmacht, durchschaut fast niemand. Kommer hat es detailliert ausgerechnet: Nach 30 Jahren sind Sie mindestens doppelt so reich, wenn Sie gemietet haben.

9. Als Mieter sparen Sie sich die Hölle der Eigentümergemeinschaft: Entweder lauter mittellose Knicker, die das Haus

vergammeln lassen; oder überreiche Schnösel, die auf einer unbezahlbaren Luxusausstattung bestehen. Vom mafiösen Hausverwalter ganz zu schweigen.

10. Die Verbrauchskosten sind identisch. Sie wohnen nie umsonst.

11. Dank unserem Mietrecht sind Sie außerdem als Mieter praktisch unkündbar. Es ist ungefähr zwanzig Mal wahrscheinlicher, dass Ihr Eigenheim zwangsversteigert wird, als dass Ihr Vermieter sie (rechtswirksam) rauswirft.

Jemanden, der den Tag lang Rasen mäht, werden Sie überall finden. Und auch jemanden, der Ihren Hund nicht mag. Viele Probleme haben überhaupt nichts mit Kaufen oder Mieten zu tun. Sie werden also auch durch Kaufen nicht gelöst. Bloß dass das Kaufen Ihnen viele neue Probleme beschert. Und wenn Sie ein Menschenfeind sind? Dann bleibt Ihnen eh nur Alaska.

D) HOUSESHARING, GREYSINGLES ODER MAKLERREPUBLIK: DIE ZUKUNFT DES WOHNENS

Erst wenn der letzte Makler vertrieben,
das letzte Exposé vergilbt,
die letzte Courtage versagt worden ist,
werdet Ihr feststellen,
dass man Häuser auch selbst verkaufen kann.
Weissagung der Cree-Indianer

40 000 Euro. Damit kann man ein Jahr lang ganz gut leben. Wenn man etwas sparsam ist, sogar zwei Jahre. Oder man kauft sich einen Tiefgaragenstellplatz in München. Einen Tiefgara-

genstellplatz! Als ich das las, wusste ich: Da läuft was schief. Etwas Grundlegendes. Es muss etwas geschehen. Und es geschieht ja etwas. Vor zehn Jahren haben diese Stellplätze noch 10 000 Euro gekostet – und das fand ich auch schon zu viel.

Was erwartet uns in der Zukunft? Drei Megatrends werden es entscheiden: Klimakrise. Eurokrise. Und demografische Krise. Je nachdem, welche der drei Krisen sich am schnellsten zuspitzt, kann sich die Welt in völlig verschiedene Richtungen drehen. Hier die drei wahrscheinlichsten Szenarien der nächsten 50 Immobilien-Jahre.

1. Ökorepublik: House-Sharing, Anti-Pendeln und Do-it-Yourself-Wohnen

Imagine there's no Makler
I wonder if you can.
Only courtage-free apartments
All brotherhood of Man.

John Lennon

Der Klimawandel kommt. Die Meere steigen über die Ufer, Unwetter überziehen unsere Großstädte. Die Grünen übernehmen die Macht. Jürgen Trittin wird Kanzler. Er schafft die Pendlerpauschale ab, erhöht den Benzinpreis auf fünf Euro, setzt Tempo 70 auf Autobahnen und Tempo 10 in den Städten durch. Busse und Bahnen sind umsonst, überall stehen kostenlose Leihfahrräder zur Verfügung. Der umweltschädliche Flugverkehr wird ausgesetzt, Kohle- und Atomkraftwerke werden stillgelegt, nur Strom aus Wind, Sonne und Biogas gelangt in Umlauf. Die Pendler kehren zurück in die Städte. Auf den Arealen ehemaliger Großflughäfen entstehen riesige stromlose Öko-Siedlungen, die sich die Menschen selbst zusammenbauen. Die WG wird zur dominanten Wohnform. Die tristen Einfamilienhaussiedlungen werden abgerissen, stattdessen entstehen neue, runde, waldorfschulartige Paläste aus recycelbaren Dinkelpellets, in denen Landkommunen wohnen und Demeter-Landwirtschaft betreiben. Im Neuen Bauernhaus wie in der WG-Villa dominiert die Küche als zentraler Raum, in der vegane Pastinakensuppe gekocht wird.

Die frei zuströmenden Flüchtlinge bringen ihre traditionellen Bau- und Wohnformen mit: Beduinenzelte, Holzhütten, Lehmbauten. Bauträger, Hausverwalter und Makler werden arbeitslos und ziehen als Musikanten, Gaukler und Jongleure durchs Land. Der permanente Stromausfall steigert die Geburtenrate auf den weltweit höchsten Stand. Die neuen Großfamilien übernehmen die riesigen leerstehenden Bürogebäude. Kirchen werden Yoga-Zentren, in Bankenpalästen siedeln sich Kindertagesstätten an, in den ehemaligen Kasernen der abgeschafften Bundeswehr werden Tantra-Seminare, mongolisches Obertonsingen und Fahrradreparaturkurse abgehalten. Viele Menschen verzichten auf feste Wohnstätten und ziehen auf lebenslangen Fahrradtouren mit Igluzelt durchs Land. Das Geld wird abgeschafft und ersetzt durch Kieselsteine, durch Tauschen und Teilen, House-Sharing und Together-Rooming. Vagabunden, Buddhisten und Vegetarier aus aller Welt besiedeln unser Land. Die Bewohner der neuen Bundesländer wandern aus ins kapitalistische Polen und Rumänien. Brandenburg, Mecklenburg-Vorpommern und Sachsen-Anhalt verwandeln sich in große Naturschutzgebiete, in denen Bären und Luchse wieder heimisch werden.

2. Maklerrepublik: High-House-Towers, Mindestprovision und Jugend makelt

> Wenn ihr uns fragt – lügen wir nicht?
> Wenn ihr was entdeckt – vertuschen wir's nicht?
> Wenn ihr uns verflucht – lachen wir nicht?
> Und wenn ihr kauft – kassieren wir nicht?
>
> *William Shakespeare* (Der Makler von Venedig)

Die Eurokrise spitzt sich zu. Die EZB pumpt immer gigantischere Geldmengen in konjunkturlose Schuldenländer, eine riesige Inflationsblase entsteht, und die einzige Partei, die sich einen Restsinn für Geld, Marktwirtschaft und Privateigentum bewahrt hat, gewinnt die absolute Mehrheit – die FDP. Christian Lindner wird Bundeskanzler. Mineralöl- und Tabaksteuer, Frauenförderung, Entwicklungshilfe und Bauämter werden abgeschafft, Windräder verboten. Der Chef des Immobilienverbands wird Bundesbauminister. Vermieter haben das Recht, jederzeit die Wohnung zu besichtigen, die Miete zu erhöhen und unliebsamen Mietern zu kündigen. Private Investoren können bauen, wann, wo und wie sie wollen. Millionen Mieter kündigen und kaufen entweder ländliche SmallHouses oder Apartments in den neuen, urbanen High-House-Towers. Häuser dürfen nur noch über Makler und für eine Mindestprovision von 19 Prozent verkauft werden. Dafür entfallen Grund- und Grunderwerbssteuer. Grossmann & Berger übernimmt Siemens, Engel & Völkers kauft VW, Dahler & Company schluckt SAP. Arbeitslose Bauamtsmitarbeiter, Frauenbeauftragte und Solardachbauer strömen in den Trendberuf TownHouseConsultant. Kai-Uwe Klug wird Präsident des Bundesverfassungsgerichts. Christian

Völkers wird Bundespräsident, amnestiert die inhaftierten Architekten, Makler und Hausverwalter und ruft den Bundeswettbewerb »Jugend makelt« ins Leben. Der Gewinner darf einen Offenen Immobilienfonds in Abu Dhabi auflegen. Makeln wird Hauptfach an allgemeinbildenden Schulen, die Formate *Deutschland sucht den Supermakler*, *Schlag den Makler* und *Verstehen Sie Makler?* werden in alle Welt verkauft. Die Wirtschaft wächst jährlich um 12 Prozent, die Staatsschulden werden zurückgezahlt, Deutschland kehrt zur D-Mark zurück, die jetzt Demokratische Mark heißt. Den 1000-DM-Schein ziert Walter Scheel, den 500-DM-Schein Hans Dietrich Genscher, den 5-DM-Schein Guido Westerwelle. Auf dem Pfennig prangt Philipp Rösler. Neu eingeführt wird der 19-Milliarden-DM-Schein mit dem Konterfei von Georg Funke.

3. Vergreiste Single-Republik:
Seniorenbungalows und Makleremigration

> Doch uns ist gegeben,
>   auf keiner Wohnung zu ruhn,
>   es schwinden, es fallen
>   die leidenden Makler
>   Blindlings von einer
>   Provision zu andern,
>   Wie Wasser von Kunde
>   Zu Kunde geworfen,
>   Jahrlang ins Ungewisse hinab.
>   *Friedrich Hölderlin* (Grilles Schicksalslied)

Eurokrise und Klimawandel verunsichern die deutschen Frauen nachhaltig, die Geburtenrate sinkt dramatisch. Obwohl Kanzlerin von der Leyen erst 20 000 Euro, dann 100 000 Euro pro Kind aussetzt, kommen auf 100 Frauen nur noch fünf Geburten. 2030 sind 70 Prozent der Bevölkerung Singles in Ein-Personen-Haushalten. Beim Rest handelt es sich um Singles in Pflegeheimen. Zu diesem Zweck entstehen riesige provisionsfreie Bungalows mit schadhaften Flachdächern in den neuen Bundesländern. Düsseldorf, München und Sylt werden Reichenghettos mit Ein-Personen-Villen und südostasiatischem Personal. Auf dem Lande finden sich vereinzelt noch Großfamilien, bestehend aus einer Frau und ihrem Kater. In Großstädten dominieren Patchworkfamilien: die Frau mit Kater und Wellensittich. Kindergärten, Schulen und Universitäten werden geschlossen. Die Bevölkerung schrumpft rapide. Obwohl alle sterilen und baufälligen Townhouse-Siedlungen aus den Nullerjahren abgerissen werden, fallen Miet- und Verkaufspreise ins Bodenlose. Der Immobilienverband Deutschland benennt sich um in »Schutzgemeinschaft Notleidender Wohnungsvermittler«. Wenn alle paar Monate ein Gelbklinkerhaus mit Waschküche in Pinneberg oder Bad Salzuflen für 300 Euro zum Verkauf steht, stehen Hunderte Makler Schlange und betteln den einzigen Interessenten so lange um eine Mitleidsprovision oder ein Stück Brot an, bis sie feststellen, dass es sich um einen Kollegen handelt. Tausende von Maklern wandern nach China und Korea aus, werden dort aber an ihrem deutschen Akzent erkannt und in schäbige Maklerasylheime mit Residenzpflicht gesteckt, wo sie von Lebensmittelgutscheinen leben müssen. Die asiatische Union baut eine Mauer und stellt eine maritime Eingreiftruppe auf, die Maklerflüchtlinge auf Ruderbooten aus Fehmarn und Bremerhaven noch auf hoher See abfängt und mit einer Tonne Notproviant im Pazifischen Ozean aussetzt. Ab 2050 lebt die gesamte deutsche Bevölkerung in barrierefreien Seniorenwohnungen mit 24-Stunden-Notruf-klingel, Kanzlerin Schröder regiert die Bundesrepublik von einem Pflegeheim in Pirna aus. 2062 stirbt der letzte deutsche Makler beim Versuch, eine Hundehütte in Düsseldorf an einen arabischen Investor zu vermakeln.

Aber bis dahin sind es ja noch 49 Jahre.
Habe ich Sie verunsichert? Das tut mir leid.
Ich wohne inzwischen zur Miete.

Literatur

Al Hassani, Zaineb:»UAE medical centre staff quit over ›withheld pay‹«,
in: *The National*, 29. 3. 2013.

Allianz Studie: *Die meisten Deutschen wollen ein eigenes Haus außerhalb der Großstadt*. Pressemitteilung 24. 11. 2011.

»Aufklärung über schikanöse Nachbarn‹, in: *FAZ*, 5. 7. 2013.

Aschenbrenner, Helmut, Gantert, Ulrike: *101 Fallen auf dem Weg zur
eigenen Immobilie*. München 2006.

Backhaus, Jessica: »Wegen insolventer Firma: Mieser Anwalt zockt
720 000 Euro ab«, in: *Bonner Express*, 5. 12. 2012.

»Bad Bank der HRE häuft immense Verluste an«, auf: *manager magazin online*, 11. 3. 2012.

Bareis, Werner, Nauhauser, Niels: *Lexikon der Finanzirrtümer. Teure
Fehler und wie man sie vermeidet*. Berlin 2008.

Bethune, Anette: »Unsitten am Wohnungsmarkt«, in: *Hamburger
Abendblatt*, 28. 1. 2012.

Binde, Nico: »Hamburg hat 82 833 Einwohner weniger als gedacht«,
in: *Hamburger Abendblatt*, 1. 6. 2013.

Blankenstein, Alexander: *Lexikon Wohnungseigentum*. München 2008.

Brückner, Michael, Lücke, Franz: *Immobilienkauf. So umgehen Sie die
teuersten Fallen*. Freiburg 2006.

Bullion, Constanze von: »Im Schattenreich der Notare«, in: *Süddeut-
sche Zeitung*, 3. 12. 2011.

Christiansen, Frank: »Düsseldorf droht ein Reichen-Ghetto zu werden«, in: *Hamburger Abendblatt*, 25. 6. 2013.

Dege, Joachim: »Hausverwalter wegen Veruntreuung von Geldern
verurteilt«, in: *Hannoversche Allgemeine*, 20. 2. 2013.

Deloitte: *München teuerste deutsche Stadt.* Pressemitteilung 25.6.2013.

Deloitte: *Property Index – Overview of European Residential Markets 2012.*

Der echte Hausschwamm, Vorkommen, Risiken, Schäden und Bekämpfungsmaßnahmen, GSF – Forschungszentrum für Umwelt und Gesundheit, o.J.

»Die Häuserpreise fallen in den Euro-Krisenstaaten«, in: *FAZ,* 12.7.2013.

»Die teuersten Häuser der Welt«, in: *Bellevue,* April 2013.

»Die teuersten Häuser der Welt«, auf: *Yahoo! Finanzen Deutschland,* 25.4.2013.

»Eigenbedarf bei Eheproblemen«, in: *Hamburger Abendblatt,* 29.6. 2013.

»Euro-Krise führt zu dramatischen Wertverlusten«, in: *Hamburger Abendblatt,* 23.2.2013.

Fabricius, Michael, Schwaldt, Norbert: »Die Schattenwelt der Makler«, auf: *Welt online,* 26.4.2012.

Frank, Stefan: *Die Weltvernichtungsmaschine. Vom Kreditboom zur Wirtschaftskrise.* Saarbrücken 2009.

Frühauf, Markus: »Eine knappe Haushaltskasse belastet das Familienglück«, in: *FAZ,* 29.3.2012, S. 21.

»Funke ist Sündenbock-Image leid«, auf: *manager magazin online,* 10.3.2012.

Gehrke, Kerstin: »Haftstrafe für Makler«, in: *Der Tagesspiegel,* 14.6. 2012

»GEZ-Gebühr für leeres Ferienhaus rechtens«, in: *Hamburger Abendblatt,* 26.5.2012.

Goldhahn, Richard-Emanuel: »Tiefere Bedeutung gefragt. Generation Y: Was suchen heute die Führungskräfte von morgen?«, in: *FAZ,* 19.7.2013.

GoMoPa: »Engel & Völkers: Der Dubai-Skandal.«, Pressemitteilung 10.6.2011.

GoMoPa: »Nebelgranaten des Verbrauchersenators Michael Braun«, Pressemitteilung 6.12.2011.

Greive, Martin, Kaiser, Tobias: »Harte Zahlen«, in: *Hamburger Abendblatt*, 1. 6. 2013.

Grün, Willi: *Mich legt keiner mehr rein. Wie Sie Schwindel und Finanztricks durchschauen.* München 2006.

»Hauseigentümer investieren 95 Milliarden Euro«, in: *Hamburger Abendblatt*, 21. 1. 2012.

»Hauskäufer erhalten ein Stück Regenwald«, in: *Hamburger Abendblatt*, 28. 1. 2012.

»Hausverwalter verschließt Kamin in Weinheim. Anklage wegen Mordversuchs«, in: *Die Welt*, 2. 7. 2013.

Heimann, Andreas: »Gemeinsam erben ohne Streit«, in: *Lübecker Zeitung*, 6. 7. 2013.

Heimann, Richard: »Das versteckte Risiko beim Immobilienkauf«, in: *Die Welt*, 2. 7. 2013.

Hennings, Kristina, Henrich, Anke, Schwab, Fritz: »Immobilien: Finanziert – angeschmiert? Die Bausparkasse Badenia kurbelte ihr Neugeschäft mit Uraltwohnungen an – nun machen Anleger mobil«, in: *Focus 23/2001*.

Hildebrandt-Woeckel, Sabine: »Schreckgespenst Schimmel«, in: FAS, 25. 3. 2012.

Hintze, Friederike: »Die teuersten Immobilien der Welt«, in: *World's Luxury Guide*, 24. 4. 2013.

Höhn, Sebastian: »Immobilien-Betrügerbande. Schrott für eine Million«, in: *Berliner Zeitung*, 11. 2. 2012.

Höhn, Sebastian: »Immobilienbetrug in Berlin. Ein Haus namens Charly«, in: *Berliner Zeitung*, 6. 3. 2012.

Höhn, Sebastian: »Wir haben gesagt, dass wir keine Immobilie wollen«, in: *Berliner Zeitung*, 18. 2. 2012.

Hönig, Stephanie: »Einbrechern die Arbeit erschweren«, in: *Hamburger Abendblatt*, 26. 5. 2012.

Hundt, Matthias: »OIF: So läuft die Abwicklung«, auf: *procontra online*, 18. 12. 2012.

»Immobilienfonds lassen sich wieder verkaufen«, in: FAZ, 12. 7. 2013.

»Immobilienverwalter veruntreut Kundengelder und gesteht«, in: *Hamburger Abendblatt*, 26.4.2013.

ImmoScout24: *Ahnungslose Immobilienbesitzer: Jeder Zweite weiß nicht, was sein Eigenheim wert ist*. Pressemitteilung 26.7.2012.

ImmoScout24: *Deutsche im Immobilienfieber: Jeder zweite Bauherr möchte mit weniger als 10 000 Euro Eigenkapital finanzieren*. Pressemitteilung 14.5.2012.

ImmoScout24: *Ein mobiles Volk: 4 Millionen deutsche Haushalte ziehen jedes Jahr um – mit dem Umzugswagen 11 500 Mal um die Erde*. Pressemitteilung 10.6.2011.

ImmoScout24: *Fast jeder Zweite fühlt sich durch den Nachbarn beobachtet – jeder Vierte spioniert selbst*. Pressemitteilung 17.6.2011.

ImmoScout24: *Gefürchtete Gäste – Fast die Hälfte der Deutschen hat Angst vor Einbrechern*. Pressemitteilung 13.9.2011.

ImmoScout24: *Immobilienbarometer: Schrumpfendes Immobilienangebot lässt Käuferansprüche schwinden*. Pressemitteilung 16.8.2012.

ImmoScout24: *Jeder dritte Deutsche würde gern im Einfamilienhaus wohnen*. Pressemitteilung 22.1.2010.

ImmoScout24: *Jeder fünfte Immobilienkäufer verzichtet auf Neuwagen*. Pressemitteilung 14.9.2011

ImmoScout24: *Jeder zweite Deutsche hatte bereits einen Schadensfall im Haushalt – Wasserschaden am häufigsten*. Pressemitteilung 27.8.2012.

ImmoScout24: *Klotz am Bein, statt trautes Heim: 3 von 4 Immobilienkäufern sorgen sich um ihre Baufinanzierung*. Pressemitteilung 20.6.2012.

ImmoScout24: *Mit immer weniger Eigenkapital zur Baufinanzierung – Kreditausfallrisiko für Banken steigt*. Pressemitteilung 7.12.2012.

ImmoScout24: *So weit gehen die Deutschen für ihre Traumwohnung*. Pressemitteilung 24.5.2013.

ImmoScout24: *Teure Ortswechsel: Deutsche geben im Durchschnitt 3 Monatsgehälter bei einem Umzug aus*. Pressemitteilung 10.7.2012.

ImmoScout24: *Umfrage zeigt: Rund jede fünfte Gewerbeimmobilie zur Miete steht in Deutschland leer.* Pressemitteilung 17. 3. 2011.

ImmoScout24: *Was Vermieter wünschen: Sympathisches Paar mit sicherem Einkommen – aber bitte ohne Kinder.* Pressemitteilung 28. 9. 2012.

ImmoScout24: WG-*Zimmer-Preise in deutschen Hochschulstädten innerhalb eines Semesters bis zu fünf Prozent gestiegen.* Pressemitteilung 26. 3. 2013.

»In drei Viertel der Haushalte höchstens zwei Personen«, in: *FAZ*, 12. 7. 2013.

Jeimke-Karge, Henrik: »1 706 696 Menschen leben in Hamburg«, in: *BILD-Hamburg*, 1. 6. 2013.

Jeschor, Benjamin: »Prozess am Schöffengericht: Ex-Anwalt und Hausverwalter plünderte Konten der Kunden«, in: *Bonner General-Anzeiger*, 10. 12. 2012.

Jung, Alexander: »Der gespaltene Markt«, in: *Der Spiegel*, 7/2012.

Kaune, Juliane: »Verwalter aus Hannover betrügt Wohnungsbesitzer«, in: *Schaumburger Nachrichten*, 16. 2. 2011.

Keil, Manuela: »Die Tücken bei ›schlüsselfertig‹«, in: *Hamburger Abendblatt*, 5. 7. 2013.

Kohlbecker, Günter: *Aufgepasst beim Immobilienkauf.* Taunusstein 2011.

Köhnemann, Jörg: »Promi-Makler Engel & Völkers: Mega-Projekt in Dubai geplatzt«, auf: *bild.de*, 18. 5. 2011.

Kommer, Gerd: *Kaufen oder mieten? Wie Sie für sich die richtige Entscheidung treffen.* Frankfurt/New York 2010.

Krohn, Axel: *Trockene Hosen fangen keine Fische.* Hamburg 2010.

Kusitzky, Alexandra: »Ich bin auch mit nur drei Zimmern zufrieden«, in: *Focus Magazin*, 23. 8. 2010.

Lipinski, G., Schnitker, M.: »Hamburgs Promi-Makler Völkers verknackt«, auf: *bild.de*, 22. 4. 2008.

Mägerle, Gerd: »Geschäftsführer unterschlägt Millionenbetrag«, in: *Stadtnachrichten Biberach*, 10. 4. 2010.

Mielke, Michael: »Hohe Strafen für Makler von Berliner Schrottimmobilien«, in: *Berliner Morgenpost*, 13. 6. 2012.

»Mit dem Frühjahr kommen auch die Krabbeltiere. Kammerjäger helfen bei der Vernichtung von Ungeziefer. Mietminderung ist möglich«, in: *Hamburger Abendblatt*, 7. 4. 2012.

Müller-Dofel, Mario: »Sind reiche Immobilienkäufer verrückt geworden, Herr Völkers?«, in: *Euro am Sonntag*, 19. 8. 2011.

Nerb, Philip: »Shedlin Middle East Health Care 1«, auf: *www.werte analysen.de*, 25. 3. 2008.

Oberhuber, Nadine: »Die Mogelpackung«, in: *Die ZEIT*, 4. 7. 2013.

Ochs, Birgit: »Alle Eier in einem Korb?«, in: *FAS*, 1. 4. 2012.

Paul, Ulrich: »Betrügerbande: Berliner Immobilienhaie vor Gericht«, in: *Berliner Zeitung*, 9. 1. 2012.

Pergande, Frank: »Elbphilharmonie. Koste sie, was sie wolle«, in: *FAZ*, 30. 5. 2013.

Plarre, Plutonia: »Dubiose Gestalten«, auf: *taz.de*, 6. 12. 2011.

Preissler, Steffen: »Büroflächen in Hamburg wieder stärker gefragt. Doch der Leerstand bleibt mit 8,5 Prozent hoch«, in: *Hamburger Abendblatt*, 19. 1. 2012.

Preissler, Steffen: »Immobilien verteuern sich um 13 Prozent«, in: *Hamburger Abendblatt*, 28. 3. 2012.

Probst, Stephan: *Immobilienverkauf aktuell.* Grömitz 2006.

»Rauchmelder: Im Schadensfall kein Verlust des Versicherungsschutzes«, in: *Hamburger Abendblatt*, 29. 6. 2013.

Riewe, Helmuth: »Hausverwalter muss für drei Jahre ins Gefängnis«, in: *Delmenhorster Kurier*, 27. 4. 2010.

Riße, Stefan: *Die Inflation kommt! Die besten Strategien, sich davor zu schützen.* München 2010.

Sailer, Erwin: *Der Immobilienmakler. Grundlagen, Strategien, Entwicklungspotentiale.* Stuttgart 2006.

Sailer, Erwin, Grabener, Henning: *Immobilien-Fachwissen von A–Z.* Kiel 2007.

Saure, Hans.-W., Zimpel, Reto: »Deutschlands schlimmster Gier-

Banker spricht in BILD. Darum will ich 47 000 Euro Rente im Monat«, in: *Bild*, 9. 3. 2012.

»Schimmel mit Spezialstaubsauger entfernen«, *Berliner Morgenpost*, 6. 7. 2013.

Schönball, Ralf: »Schrottimmobilien-Prozess beginnt«, in: *Der Tagesspiegel*, 10. 2. 2012.

Schönmann, Jochen: »Badenia soll für Schrott-Immobilien büßen«, auf: *Spiegel online*, 19. 3. 2007.

Schulze, Marianne: »S-Finanzgruppe ist Deutschlands Nr. 1. Ranking Wohnen«, in: *Immobilienmanager*, 9-2011.

Schwaldt, Norbert: »Feierabend mit Christian Völkers. ›Wir treten nicht an, um zu verlieren‹«, auf: *Welt online*, 3. 5. 2012.

Seith, Anne: »Gefangen im Größenwahn«, auf: *Spiegel online*, 6. 5. 2010.

Smoltczyk, Alexander: »Die Wüste bebt«, in: *Der Spiegel*, 13. 5. 2013.

»Spaniens Immobilienkrise entwickelt ein Eigenleben«, in: *FAZ*, 5. 7. 2013.

Spiegel TV: »Abgezockt: Die Schrott-Immobilien des Kai-Uwe Klug«. 20. 6. 2011.

Spiegel TV: »Die Tricks von ›KK Royal‹: Abgezockte Anleger, dicke Konten. 15. 6. 2009.

Spiegel TV: »Noch mehr Tricks von ›KK Royal‹: Für dumm verkauft«. 10. 8. 2009.

Stollenwerk, Detlef: *Meine Rechte als Nachbar*. Düsseldorf 2011.

»›The Shard‹ – Die teuerste Schrott-Immobilie der Welt«, in: *Berliner Kurier*, 26. 5. 2013.

Thomsen, Jan: »Braun sieht sich rehabilitiert«, in: *Berliner Zeitung*, 26. 3. 2012.

Unfried, Eberhard: »Gierige Hausverwalter verurteilt«, auf: *tz-online*, 18. 5. 2011.

Verbraucherzentrale NRW: *Kauf eines gebrauchten Hauses. Besichtigung, Kaufvertrag, Übergabe*. Düsseldorf 2011.

Verbraucherzentrale NRW: *Kostenfallen beim Immobilienkauf. Versteckte Risiken erkennen und ausschalten*. Düsseldorf 2012.

»Vermieter muss Anwalt des Mieters zahlen«, in: *Hamburger Abendblatt*, 12. 7. 2013.

»Wärmedämmung kann bei Feuer zur Falle werden«, in: *Hamburger Abendblatt*, 28. 1. 2012.

Wette, Stefan: »Betrugsprozess: Hausverwalter in Essen muss länger im Gefängnis bleiben«, in: *Der Westen*, 18. 4. 2013.

Wette, Stefan: »Untreue: Hausverwalter betrügt Eigentümer um halbe Million Euro«, in: *Der Westen*, 28. 3. 2012.

»Wie Vermieter Eigenbedarf korrekt anmelden«, in: *Hamburger Abendblatt*, 6. 7. 2013.

»Wohn-Riester weiter auf dem Vormarsch«, in: *FAZ*, 25. 3. 2012.

»Wohnungsnot im Alter. Laut einer aktuellen Studie mangelt es an 2,5 Millionen barrierefreien Einheiten in Deutschland«, in: *Hamburger Abendblatt*, 29. 6. 2013.

Danksagung

Ich danke Nina, die mich ermutigt hat, aus meinen privaten Traumata dies Buch zu machen. Ich danke Herrn Elstermann vom Bauamt-Nord für den beharrlichen Einsatz für das »Stadtbild« – und dafür, dass er dann noch in den Urlaub gefahren ist. Ich danke der Lawaetz-Stiftung für das wegweisende Konzept der anschlusslosen Telefondose: Sie sieht vor allem sehr gut aus. Ich danke Birgit für ihre Geduld bei unserer jahrelangen Wohnungssuche. Ich danke meinem Grindelhof-Makler für die Kreatividee des Einfach-1000-Euro-zu-viel-Berechnens. Und unserem Eimsbütteler Bauträger für die Erfindung des Verkaufs ohne Eigentum – lassen Sie sich das patentieren! Ich danke Frau Professorin Mager für das Vertreiben der Zuhälter aus unserem Haus – das war eine Theologie der Befreiung. Ich danke allen Wohneigentümergemeinschaften, die mich ausgehalten haben. Ich hatte es auch nicht leicht mit euch. Ich danke dem Schicksal dafür, dass ich die Wohnung in der Mansteinstraße im Jahr 1999 verkauft habe; ein Jahre später kam heraus, dass das ganze Haus schwammverseucht war. Ich danke Anke Niehaus für ihre vorbildliche Hausverwaltung – Sie waren nicht gemeint. Ich danke Lars für die vielen lustigen Maklergeschichten und Axel für die lehrreichen Sprichwörter. Ich danke der Arrowsmith Agency für ihren hartnäckigen Einsatz für dieses Projekt und dem Team des DuMont Buchverlags für die Begeisterung. Und ich danke Angela: Für das tolle Foto. Für die vielen Anregungen und Hinweise. Und für alles andere.